lina bo bardi casa de vidro the glass house
são paulo, brasil
1950 • 1951

marcelo carvalho ferraz (org.)

textos/texts: lina bo bardi • marcelo carvalho ferraz

edições sesc

SERVIÇO SOCIAL DO COMÉRCIO
Administração Regional no Estado de São Paulo

Presidente do Conselho Regional
Abram Szajman

Diretor Regional
Luiz Deoclecio Massaro Galina

Conselho Editorial
Carla Bertucci Barbieri
Jackson Andrade de Matos
Marta Raquel Colabone
Ricardo Gentil
Rosana Paulo da Cunha

Edições Sesc São Paulo
Gerente Iã Paulo Ribeiro
Gerente adjunto Francis Manzoni
Editorial Clívia Ramiro
Assistentes: Ana Cristina Pinho, Bruno Salerno Rodrigues,
Antonio Carlos Vilela, Cláudia da Costa Melo, Vanessa Paulino da Silva
Produção gráfica Fabio Pinotti
Assistente: Ricardo Kawazu

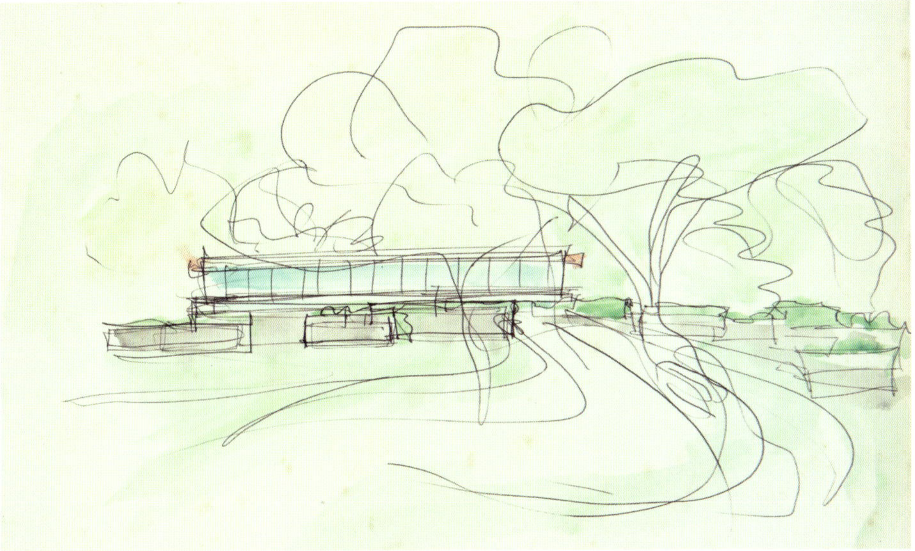
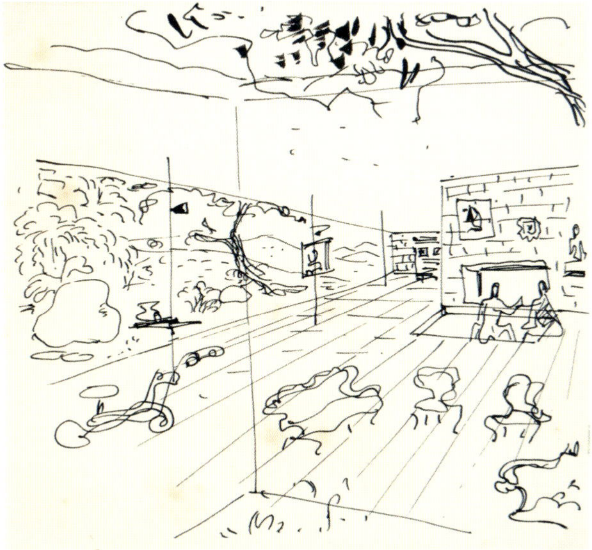
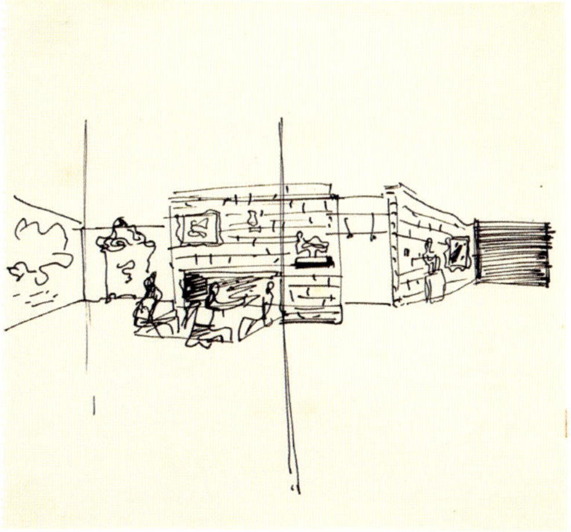
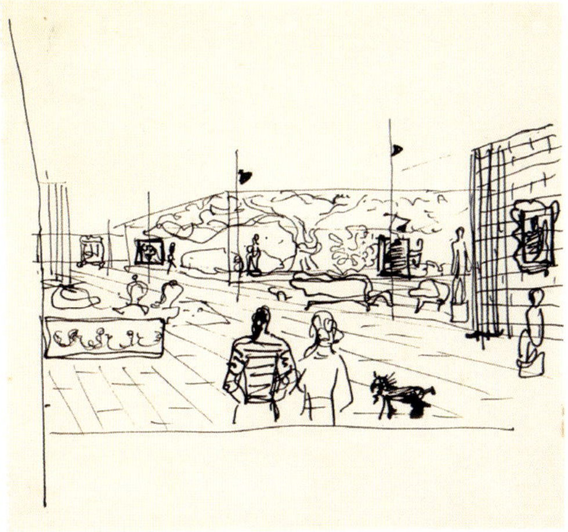
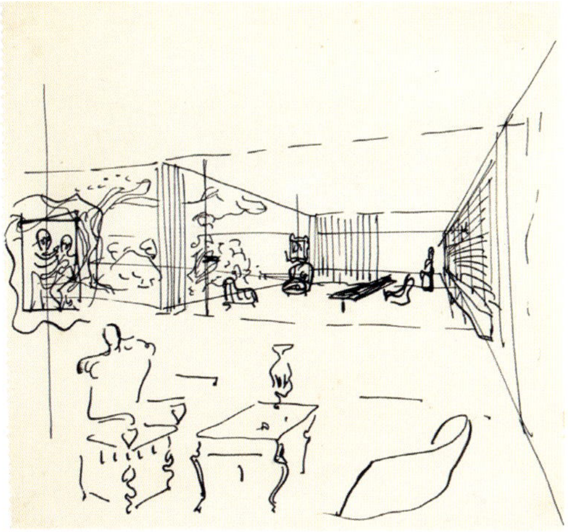

casa de vidro
lina bo bardi

A casa Bardi foi a primeira casa que se construiu no Jardim Morumbi, quando o bairro ainda tinha este nome (antiga Fazenda de Chá Muller Carioba). Era uma grande reserva de mata brasileira, cheia de bichos selvagens: jaguatiricas, tatus, veadinhos, preás, sariguês, preguiças... Era também uma reserva de pássaros, aparecendo durante o dia almas-de-gato, peiticas, sabiás-laranjeira e sabiás-pretos, anus, bem-te-vis, inhambus, juritis e seriemas; e à noite, curiangos, corujas e outras aves noturnas. Muitos sapos e jias cantavam à noite. Havia também belíssimas cobras e muitas cigarras.

Atrás da antiga Casa da Fazenda, toda branca e azul, que conservava ainda os ferros e as correntes do tempo da escravidão; os enormes tachos, bacias de cobre e outros utensílios; e atrás ainda da senzala cor-de-rosa e das grandes figueiras, estendia-se o lago, ladeado de araucárias, com uma Mata Atlântica ao fundo, cheia de orquídeas e plantas raras. Um enorme silêncio e muitas lendas populares envolviam a casa grande e a mata: lendas de indígenas (por ali foram encontrados utensílios de pedra), de escravizados e de jesuítas, especialmente pelos confins da Vila Tramontano, onde, na capelinha dedicada a São Sebastião, reunia-se o povo do Real Parque para o leilão de prendas que corria a cada primeiro domingo do mês.

A casa, chamada pelo povo do Real Parque e do Brooklin de Casa de Vidro, foi construída em 1951... Um exemplo daquilo que se podia realizar

glass house
lina bo bardi

The Bardi house was the first house to be built in Jardim Morumbi, when the neighborhood still had this name (the old Muller Carioba Tea Plantation). It was a large reserve of Atlantic Forest, with an abundance of Brazilian wild animals: ocelots, armadillos, small deer, cavies, possums and sloths. It was also a reserve rich in bird-life: in the day time there would be squirrel cuckoos, *peiticas*, orange and black thrushes, ani, great kiskadees, tinamous, white-tipped doves and crested cariama; at night, nightjars, owls and other nocturnal birds, when the cries of frogs and toads could also be heard. There were also beautiful snakes and many cicadas.

Behind the old farmhouse, painted in white and blue, with its old irons and chains from slavery times and enormous pots, copper bowls and other utensils; and beyond the earth-colored slave quarters and tall fig trees, the lake spread out surrounded by araucarias and the Atlantic Forest in the background. It was full of orchids and rare plants. The manor-house and the forest were surrounded by an enveloping silence and legends which echoed stories of indigenous (stone tools were found there), slaves and jesuits. It was especially so around Vila Tramontano, where, in the St. Sebastian chapel, the community of Real Parque gathered together for the auctions which occurred every first Sunday of the month.

The House, known by the people of Real Parque and Brooklin as *Casa de Vidro* (Glass House), was built in 1951. It exemplified what could be accomplished

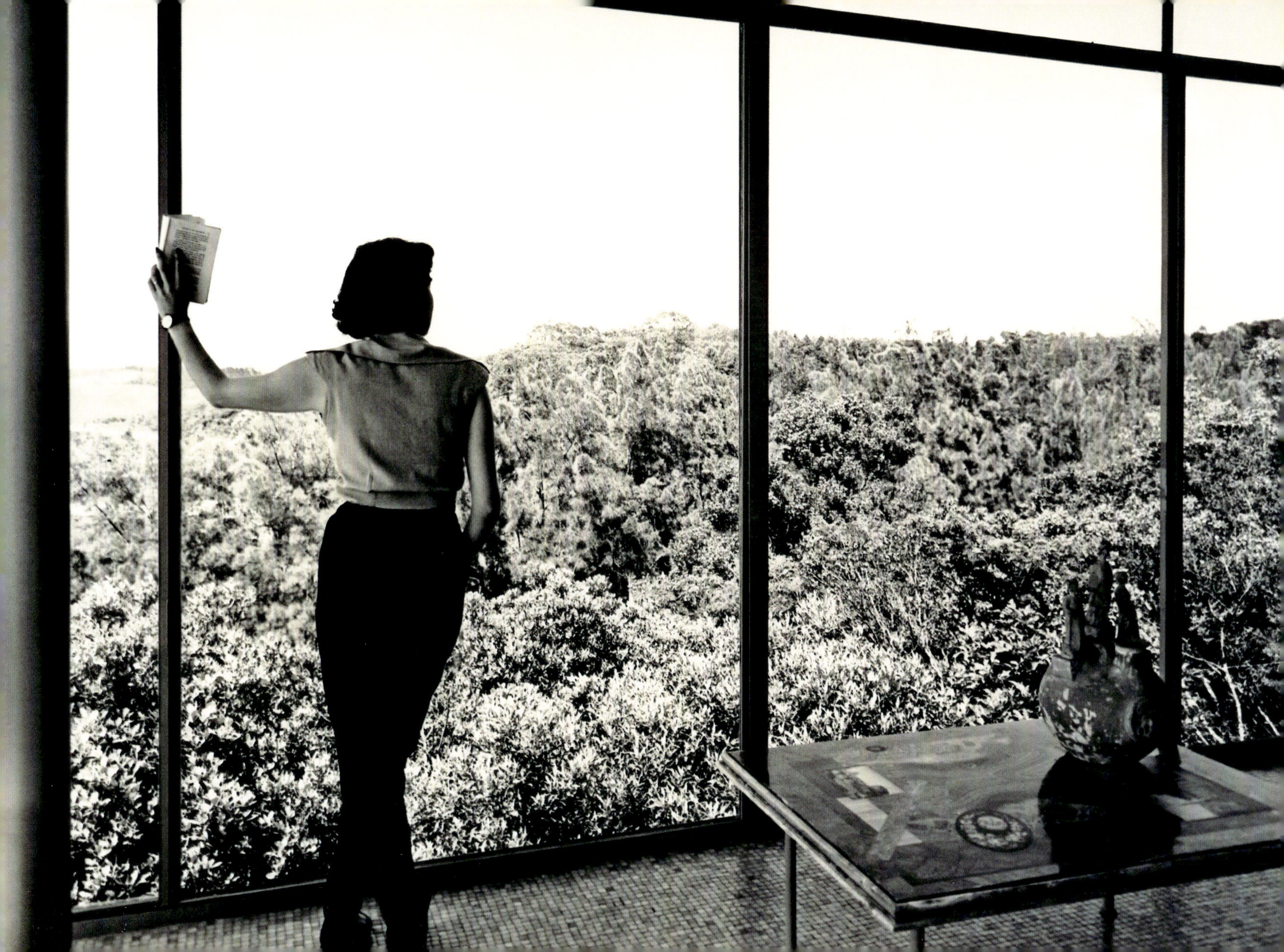

com o antigo Código de Normas Brasileiro (muito elogiado pelo grande engenheiro italiano Pier Luigi Nervi quando esteve no Brasil) e hoje modificado conforme as normas europeias, o que tornaria esta estrutura proibida atualmente.

O engenheiro Tulio Stucchi executou os cálculos estruturais da casa, toda em cristal, sendo a estrutura vertical constituída por tubos Mannesmann de ferro e tubos de Eternit, e a estrutura horizontal de concreto armado. O conjunto resultou *très elegant*, como disse o arquiteto Max Bill em sua visita ao Brasil, e Saul Steinberg (que foi hóspede da casa por ocasião de uma exposição no Museu de Arte de São Paulo, em 1952) declarou ser "uma casa poética".

A casa foi visitada por muitas pessoas de São Paulo e do interior, e teve grande repercussão internacional.

Hoje a casa representa, com seu resto da antiga mata brasileira, uma lembrança poética daquilo que podia ter sido uma grande reserva, o grande Parque da Cidade, com suas plantas valiosas e seus bichos, com a pequena capelinha (mal restaurada e que podia hoje ser recuperada), com seu Real Parque, residências alegres de pessoas humildes e pobres, mas proprietárias de casinhas simples e alegres quintais, exemplo de conjunto popular que denuncia as atuais soluções do problema habitacional e a dramática ausência de um plano diretor na cidade de São Paulo.

under the old Brazilian Code of Standards (much revered by the great Italian engineer Pier Luigi Nervi when he was in Brazil), nowadays modified in accordance with European norms, making this structure illegal had it been built today.

The engineer Tulio Stucchi did the structural calculations for this house, entirely covered in glass. The vertical structure consisted of Mannesmann iron pipes and Eternit pipes, and the horizontal structure was made of reinforced concrete. The building was defined as *très elegant* by the architect Max Bill during his visit to Brazil, while Saul Steinberg (a guest at the house during an exhibition at the São Paulo Art Museum, in 1952) described it as "poetic".

The house was visited by many people from São Paulo and the surrounding countryside and it received international acclaim.

Today the house, along with the remaining Atlantic Forest, represents a poetic echo of what it could have been: a large reserve, a great city park (*Parque da Cidade*), with a rich array of plants and animals, its small chapel (poorly restored but which could be recovered today), its Real Parque and the joyful homes of people who, despite being poor and humble, owned their little houses and cheerful gardens. It could have been an example of social housing, in contrast to the current solutions to housing problems and the marked absence of a master plan for the city of São Paulo.

7

servizio in due piani 1:500

padroni cucina ospiti

garage

m² 294

ospiti 30
        42
        ──
        72

        48
        20
        ──
        00
        3·6
        ──
        36·0
        72
        ───
        288

legno forbito su conglomerato o pietra

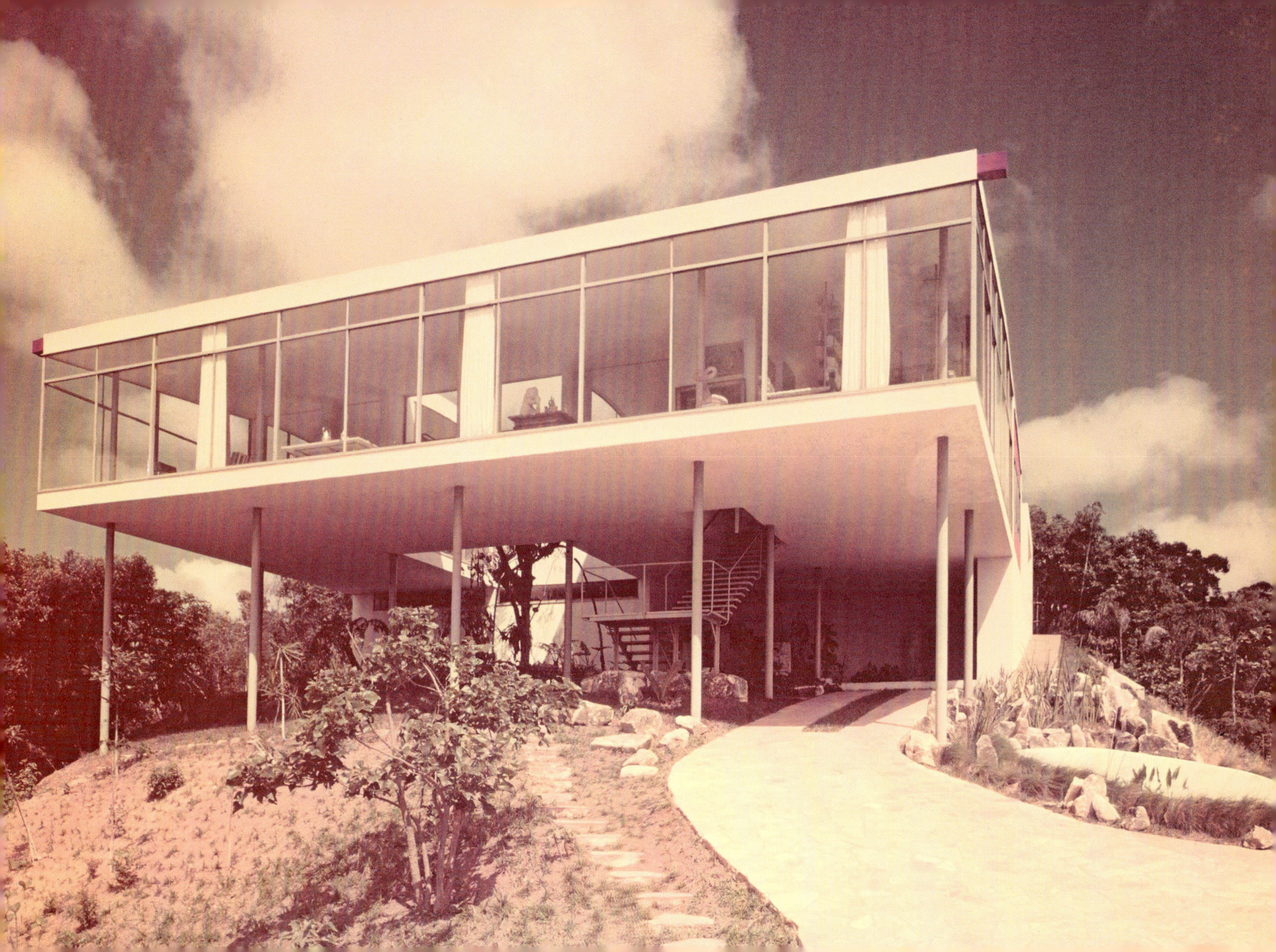

10

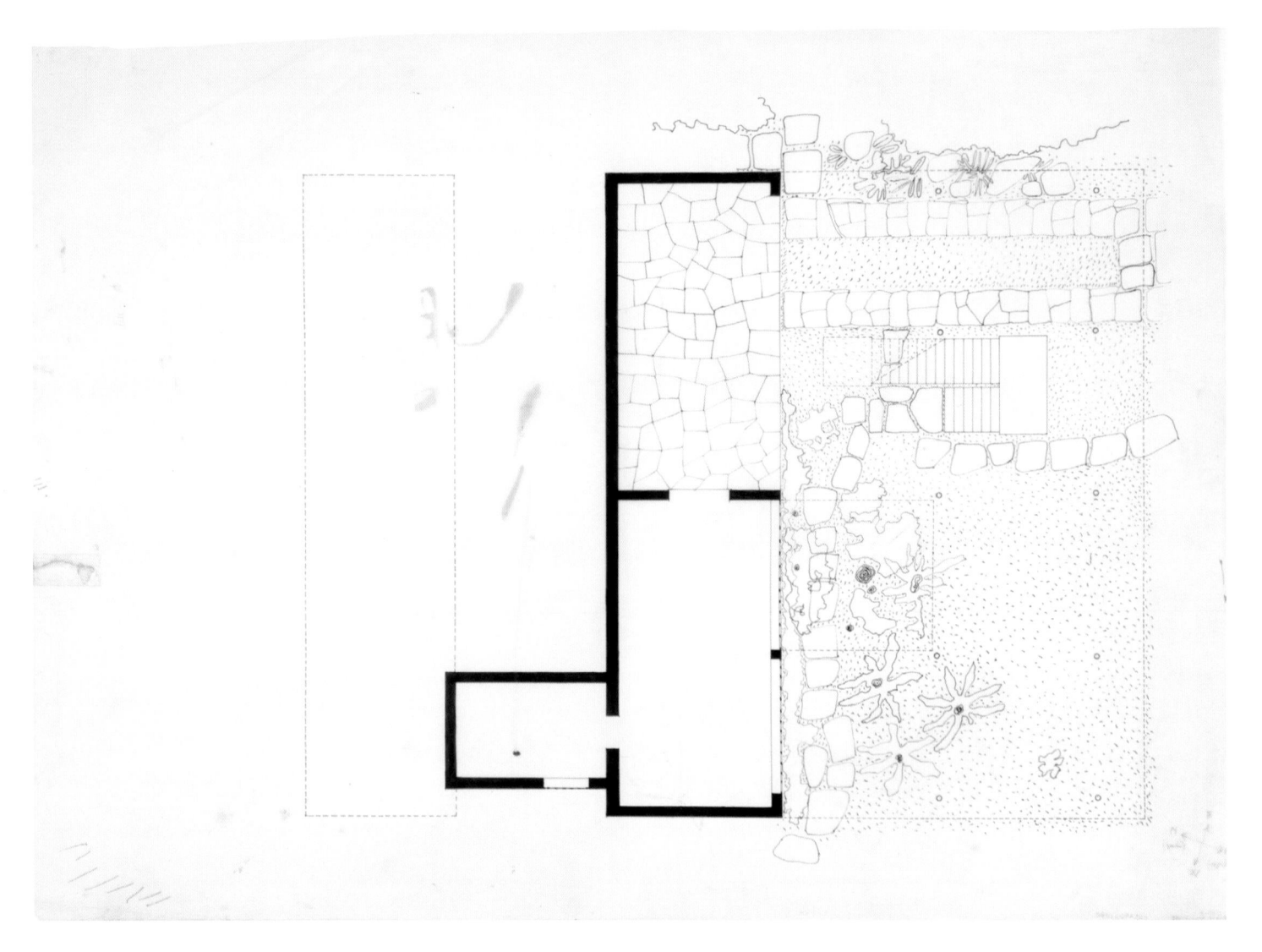

11

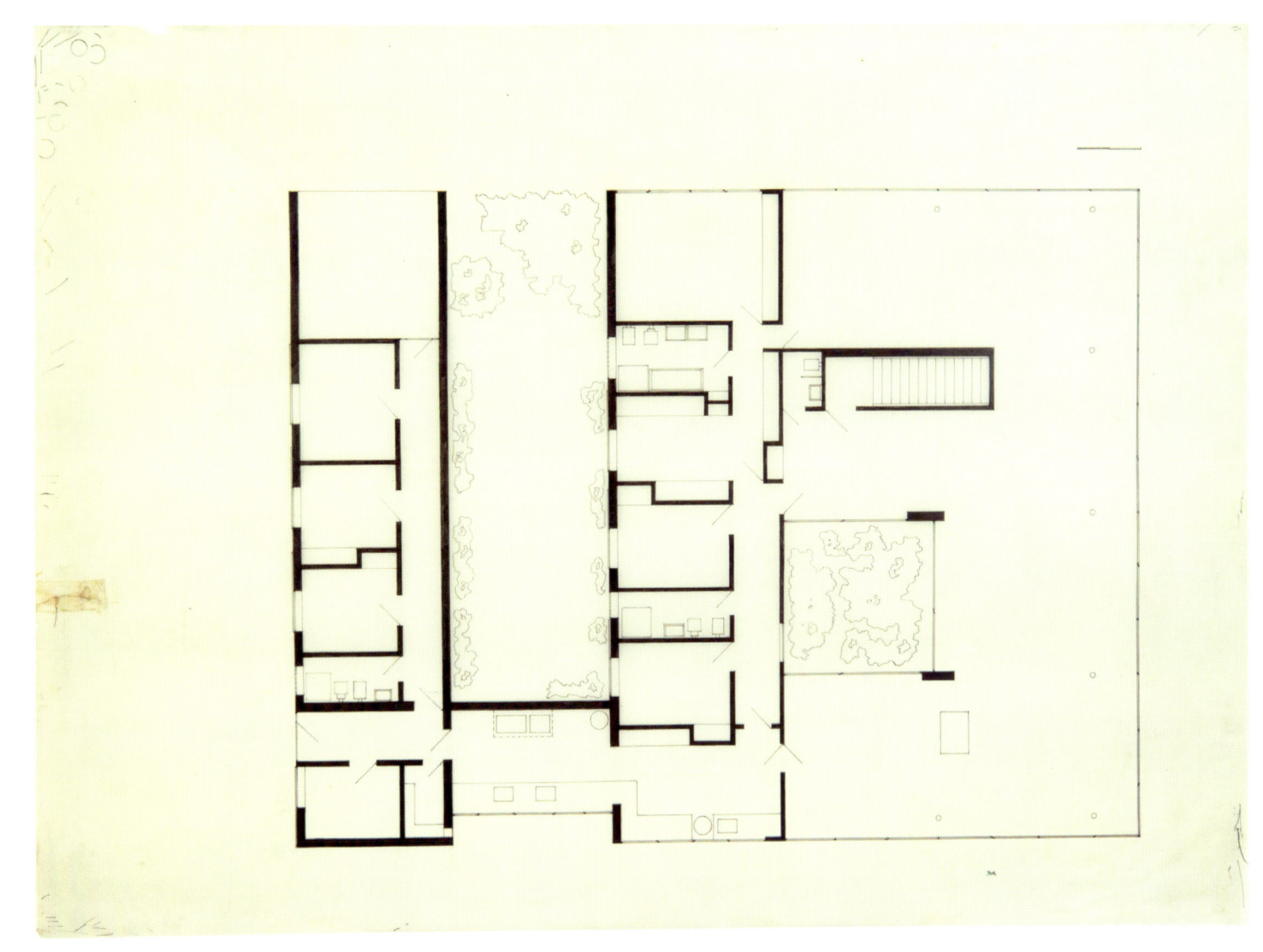

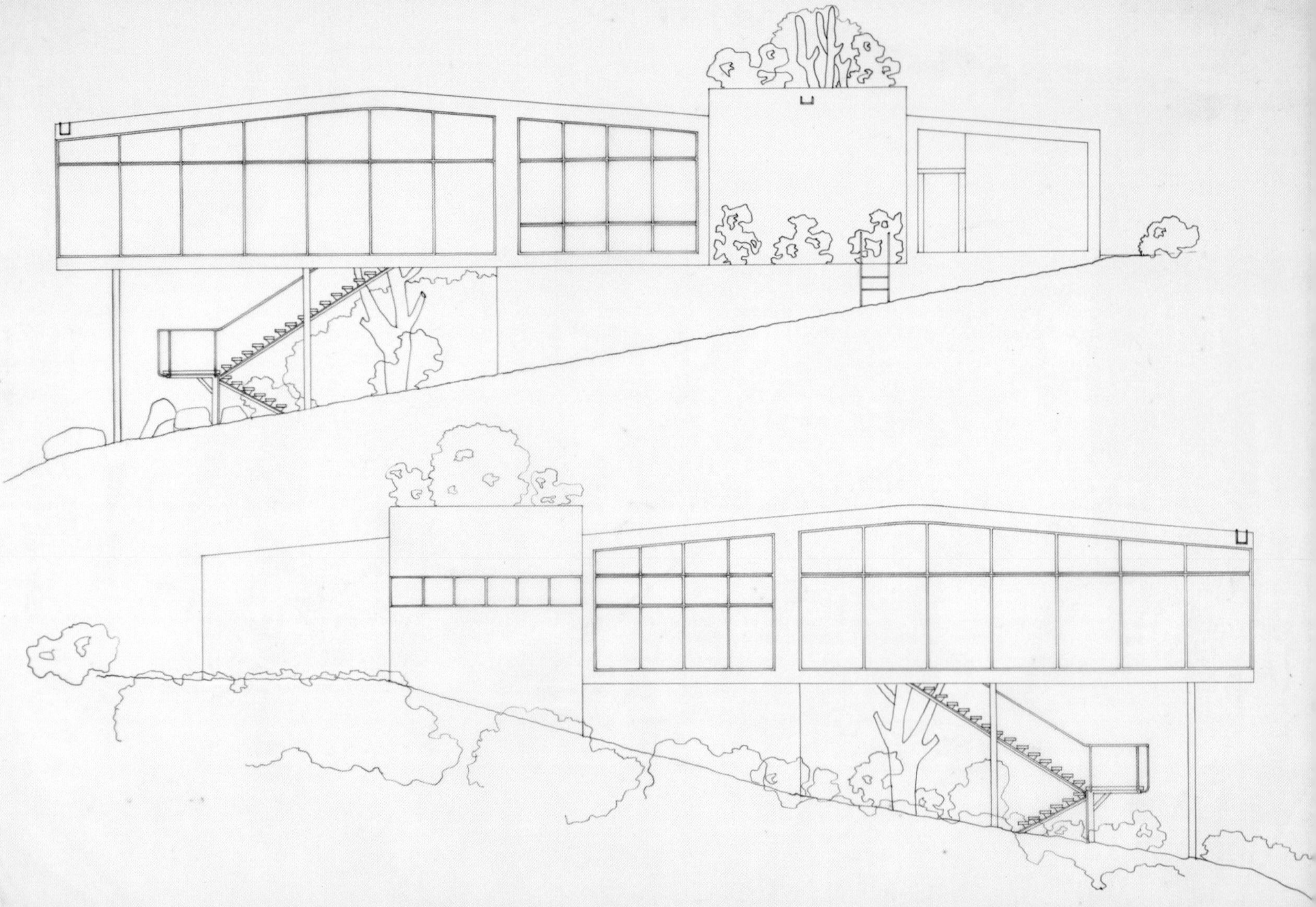

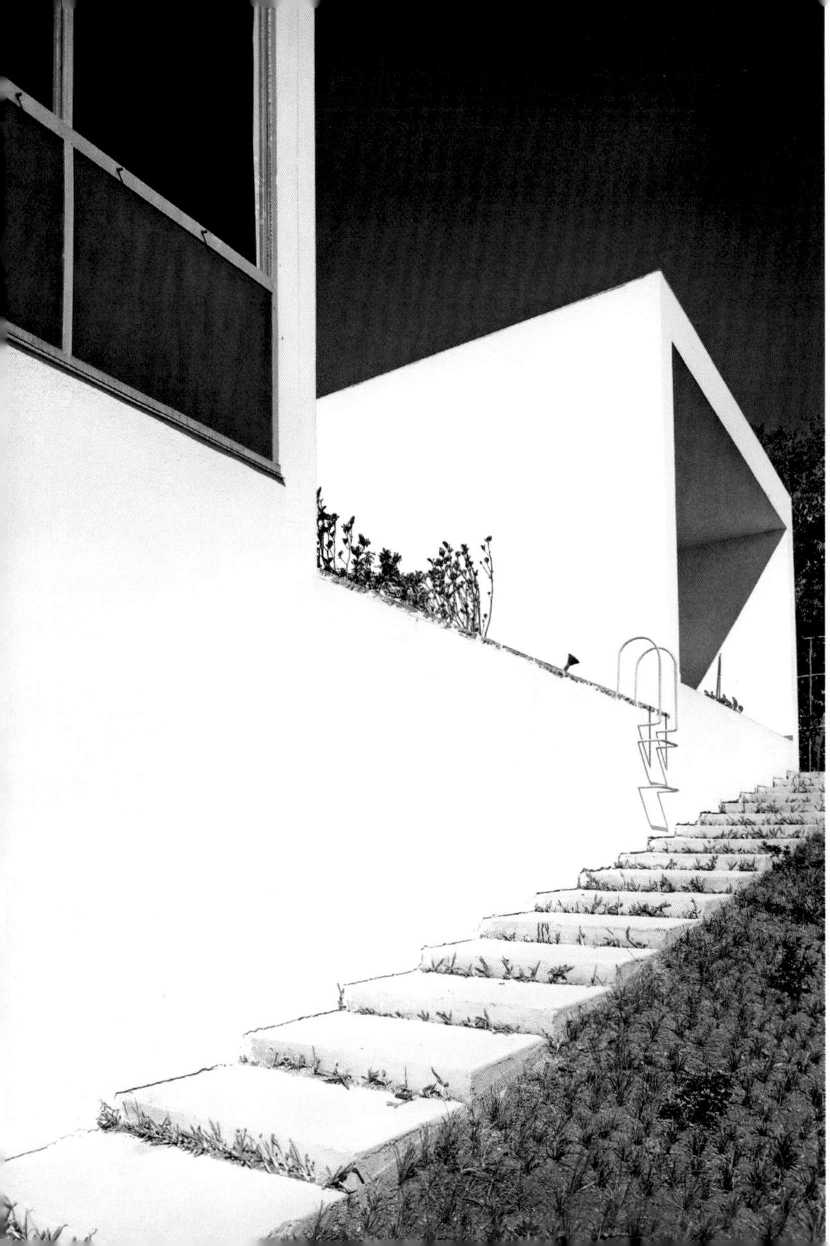

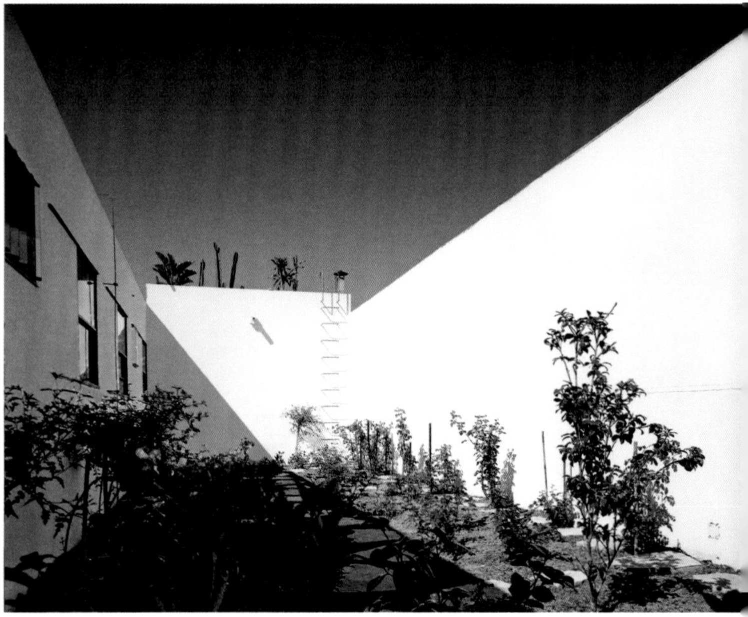

14

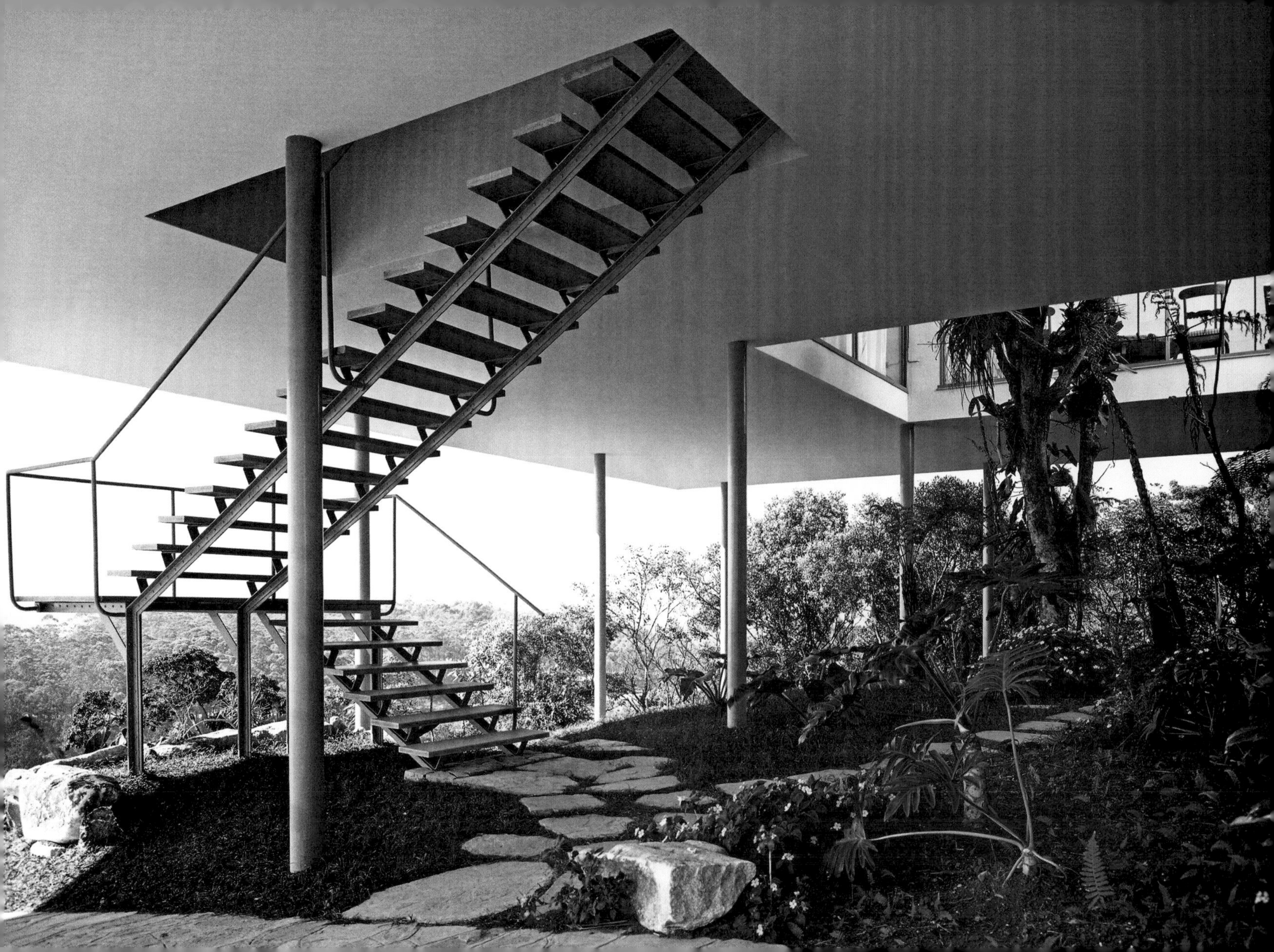

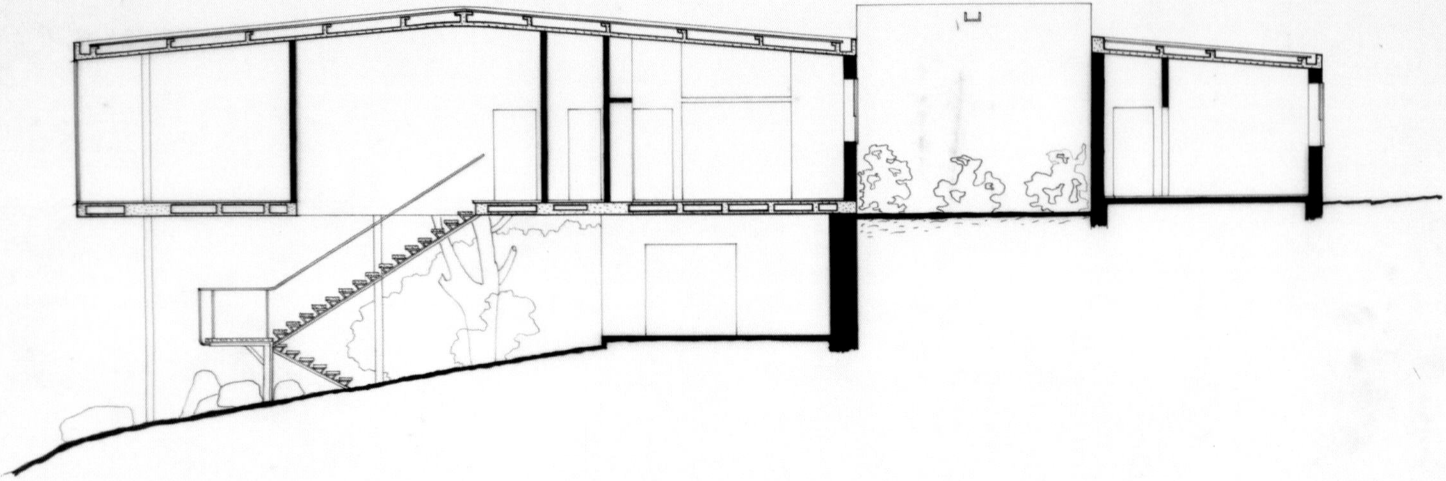

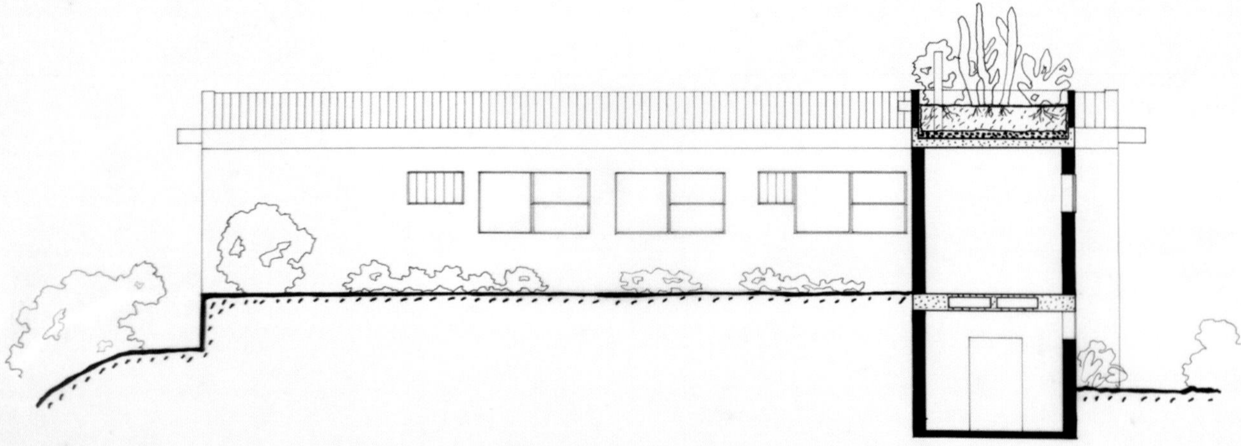

17

18

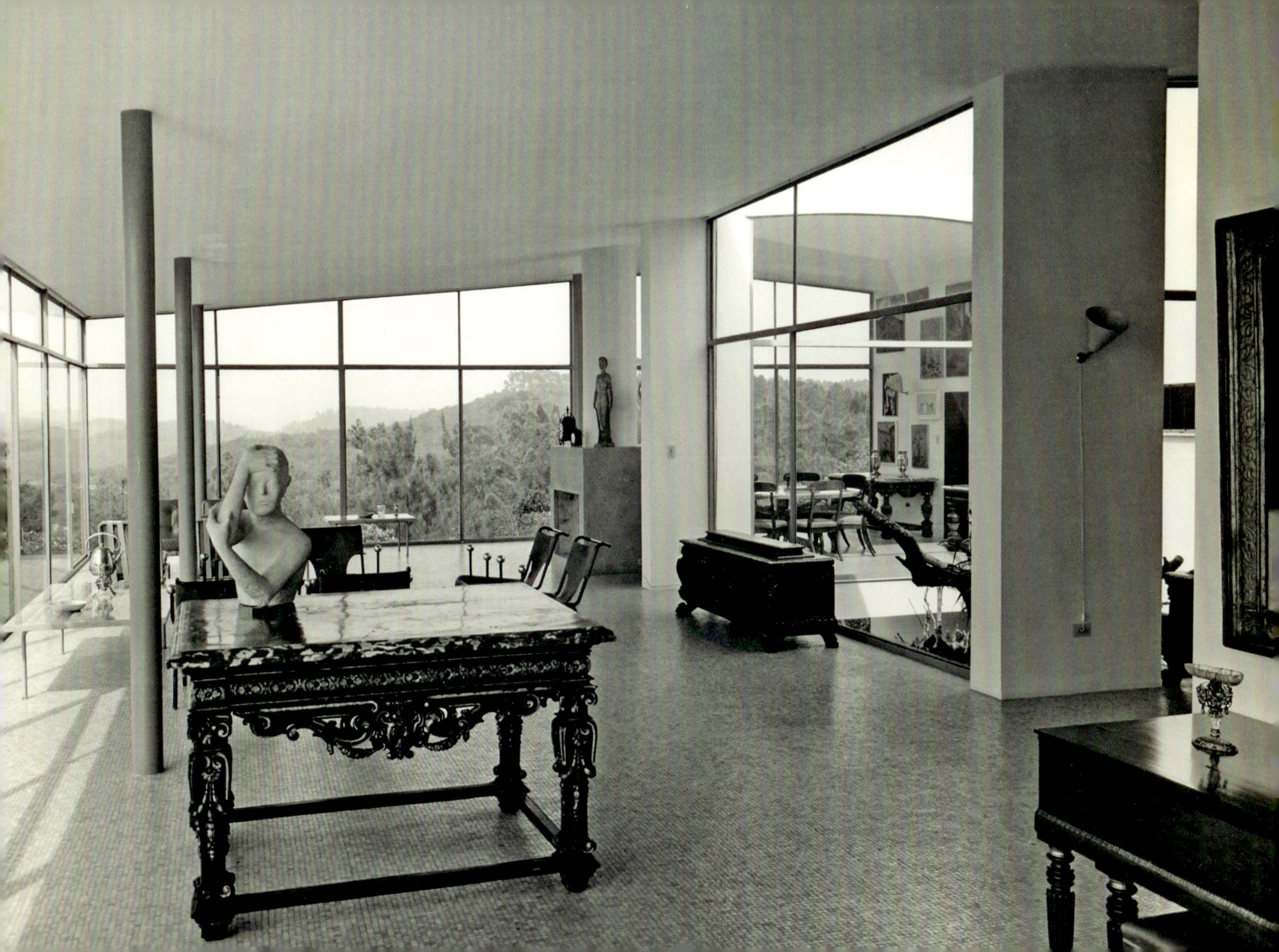

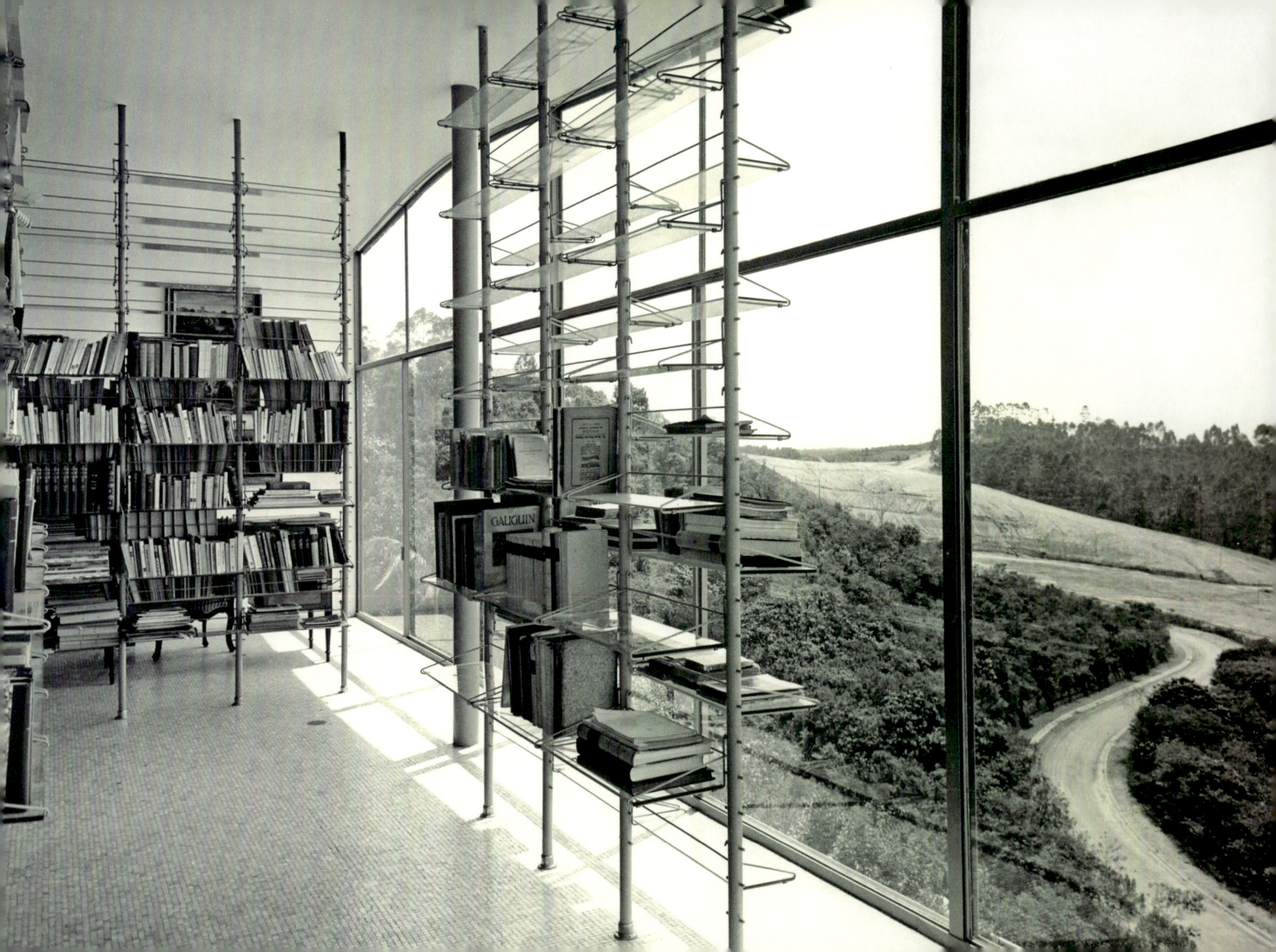
GAUGUIN

21

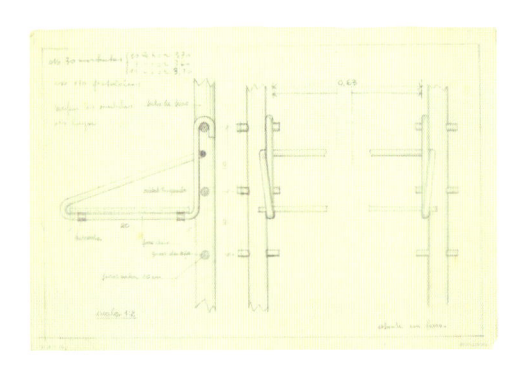

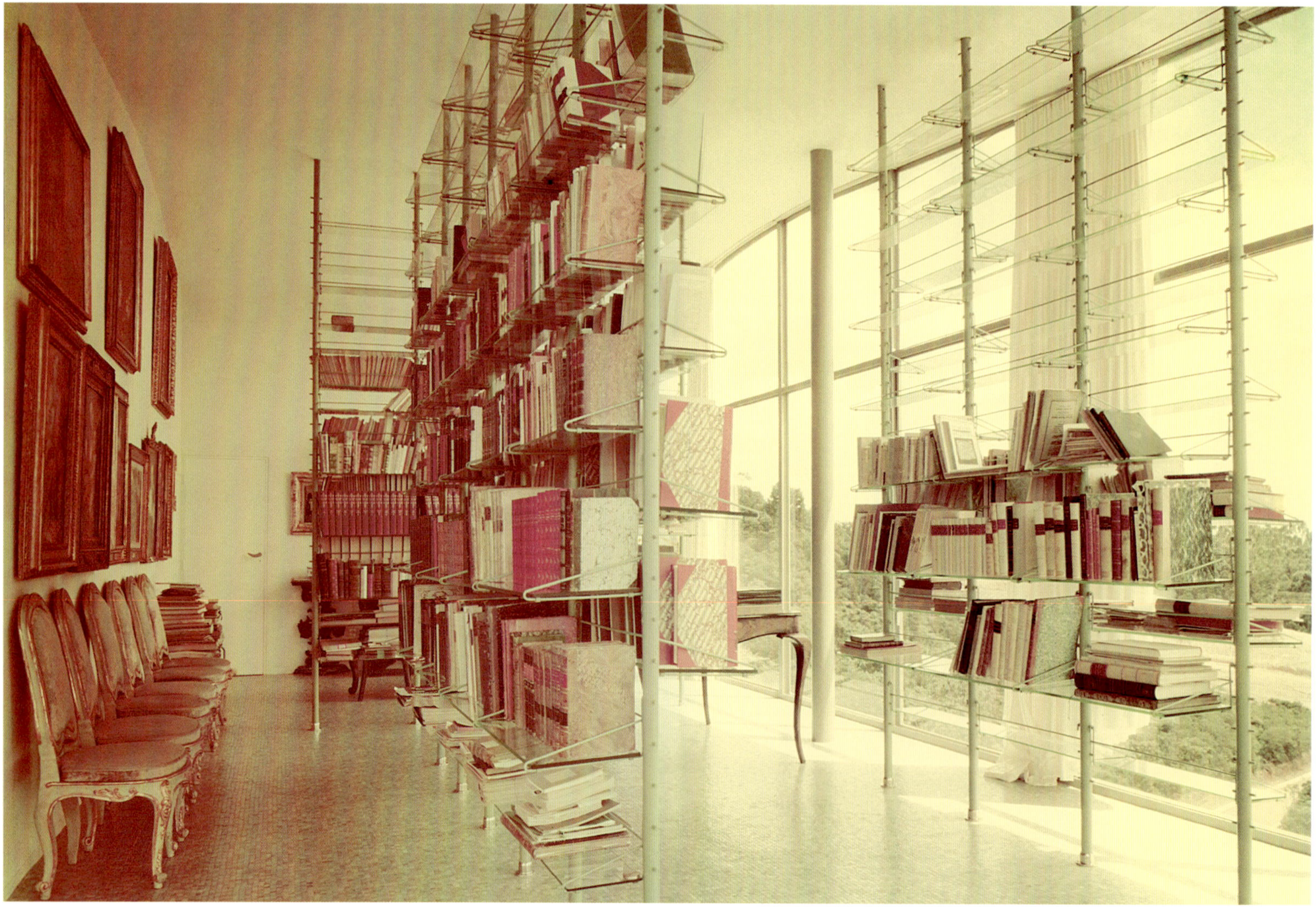

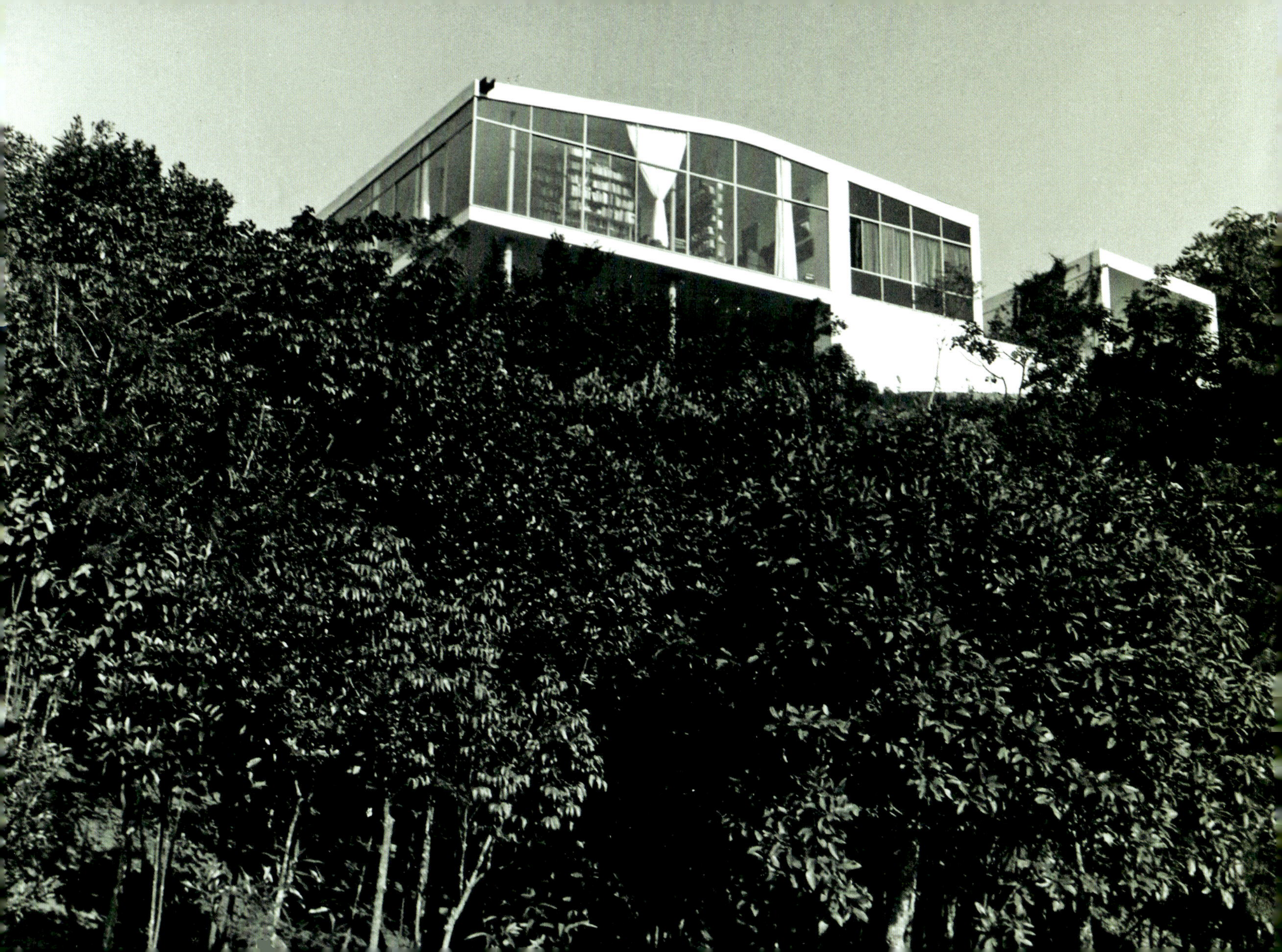

24

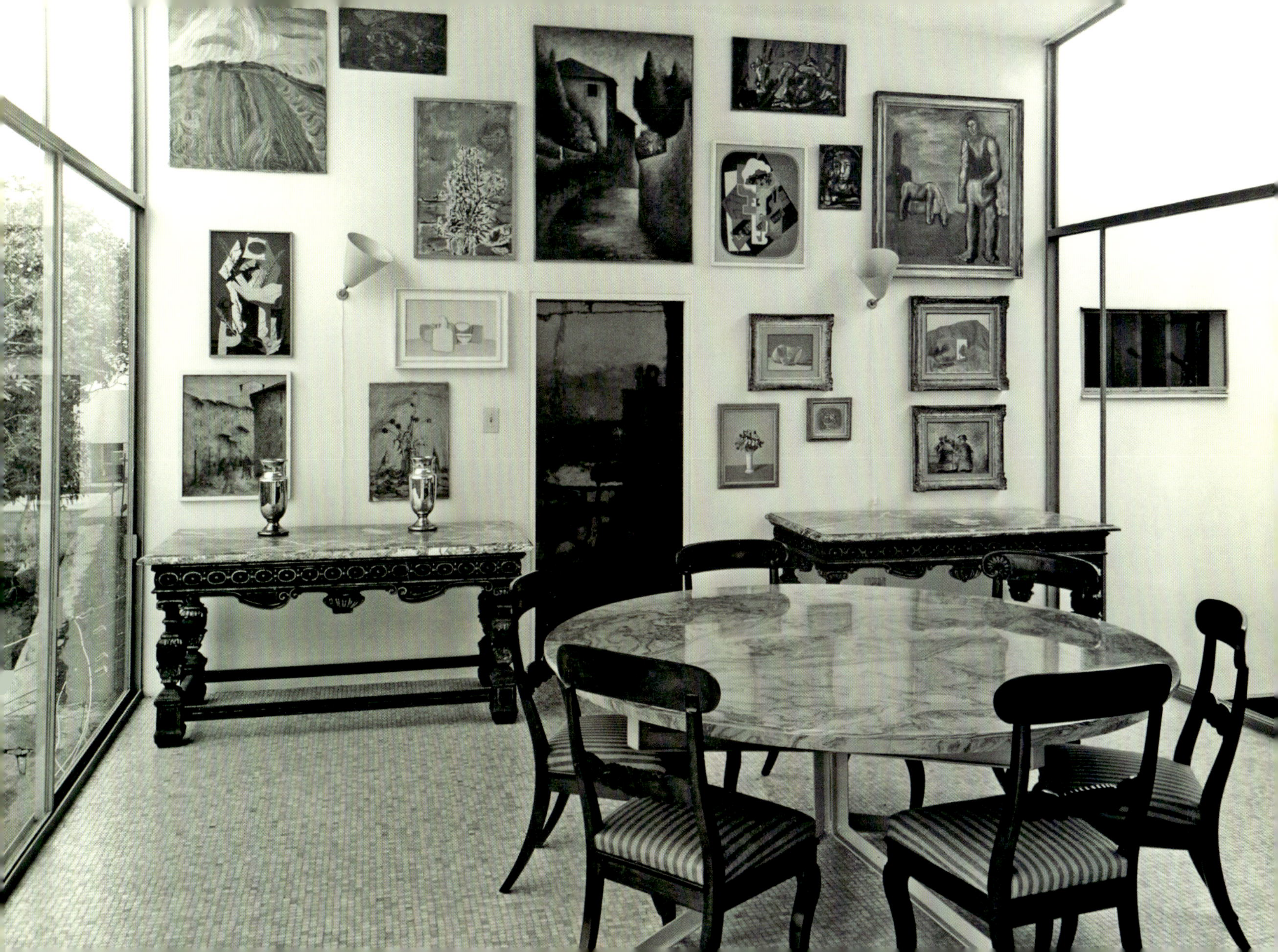

26

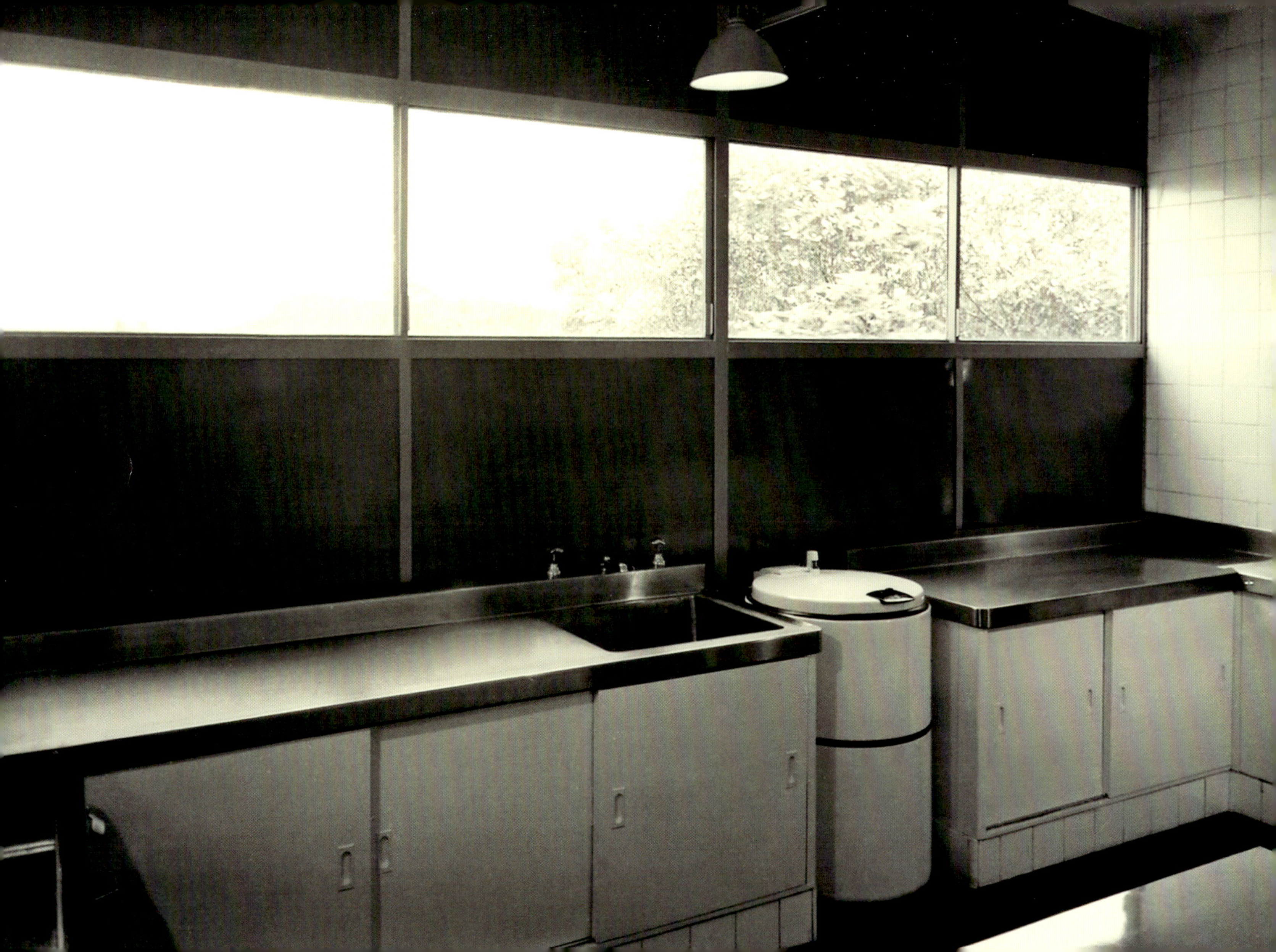

28

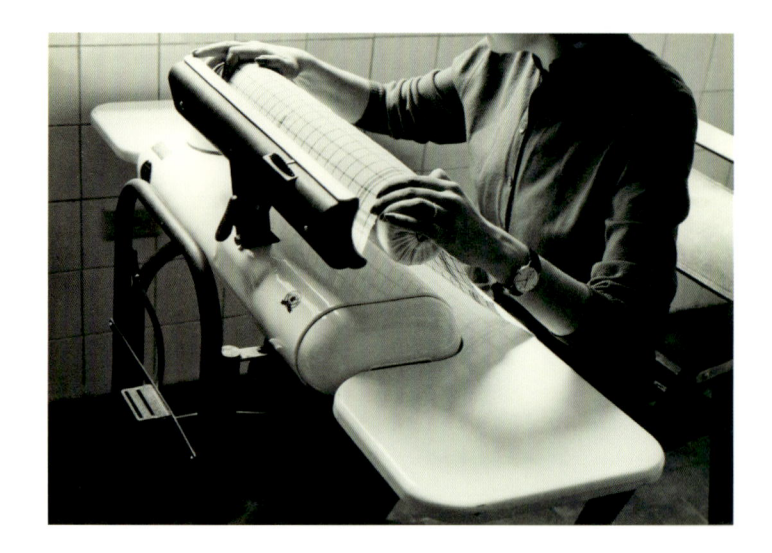

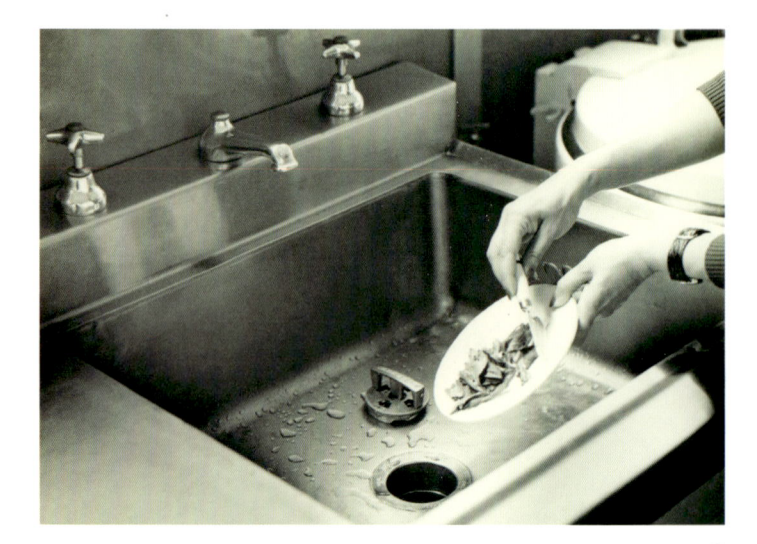

29

30

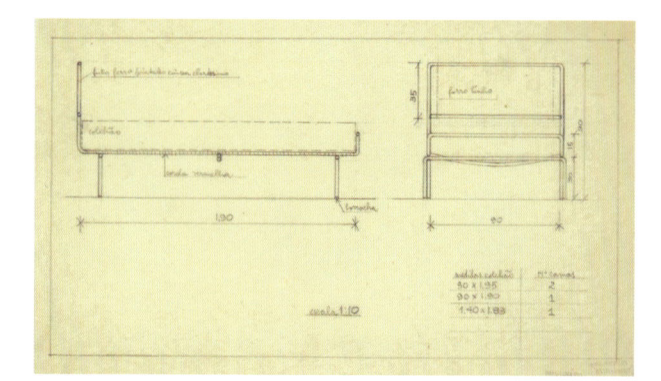

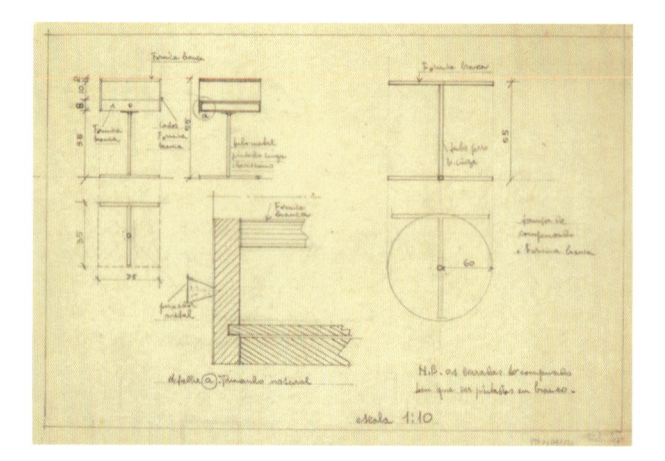

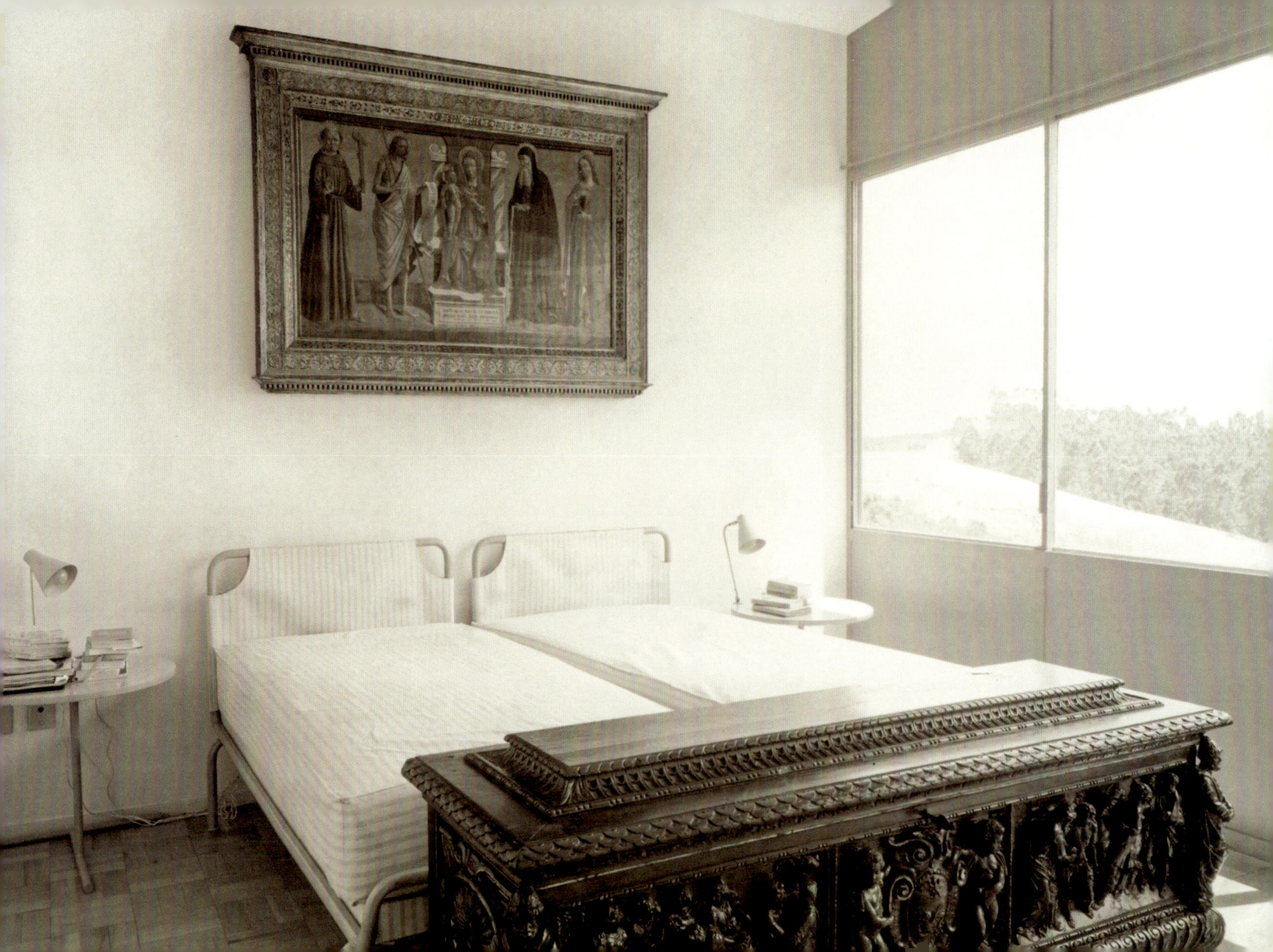

casa de vidro
marcelo carvalho ferraz

Escondida num pedaço de Mata Atlântica, numa das mais altas colinas do Morumbi, está a famosa Casa de Vidro, residência do não menos famoso casal Lina Bo e Pietro Maria Bardi.

Construída entre 1950 e 1951, quando a cidade ainda dava os primeiros passos na ocupação da outra margem do rio Pinheiros, a casa, juntamente com a mata que a envolve, é tombada como patrimônio histórico estadual (Condephaat) e nacional (Iphan). É um marco da arquitetura moderna brasileira em São Paulo.

A Casa de Vidro foi o primeiro projeto da arquiteta Lina Bo Bardi integralmente construído. Na Itália, havia trabalhado como ilustradora de jornais e revistas e como editora (dirigiu a revista *Domus* entre 1942 e 1943), mas nada pôde construir, pois "durante a guerra só se destruía", dizia ela. Desde sua chegada em 1946, Lina só havia projetado móveis e algumas reformas, como a primeira sede do MASP, na rua Sete de Abril.

Todas as lições do Movimento Moderno, toda a garra de construir e experimentar, reprimidas ou represadas por anos de guerra, estão presentes neste projeto singular, que foi a "casa do arquiteto[1]" até sua morte, em 1992, e do professor Bardi até 1999, quando faleceu, com quase 100 anos. Estão lá os elegantes pilotis sustentando a caixa de vidro na encosta e a escada metálica, que balança como aquelas que acessam os barcos, nos levando ao surpreendente interior da casa.

glass house
marcelo carvalho ferraz

Hidden away in an area of the Atlantic Forest, on one of the highest hills in Morumbi, is the famous *Casa de Vidro*, home to Lina Bo and Pietro Maria Bardi, a couple who were no less famous.

The house was built between 1950 and 1951, at a time when the city started to expand to the other bank of the Pinheiros River. The house and its surrounding woods are listed by Condephaat [State of São Paulo Council for the Protection of Historical, Archeological, Artistic and Touristic Heritage] and Iphan [National Historical and Artistic Heritage Institute] as an area of historical heritage. It is a landmark for modern Brazilian architecture in São Paulo.

The Glass House was the first architectural project by Lina Bo Bardi built in its entirety. Lina had worked in Italy as an illustrator for newspapers and magazines. She had also been an editor (she had directed of *Domus* magazine between 1942 and 1943), but at the time she could not build because, as she used to say, "during the war there was only destruction". Since her arrival in Brazil, in 1946, Lina had only designed furniture and planned a few refurbishments, such as the first MASP [São Paulo Museum of Art] headquarters on Sete de Abril Street.

This unique project encompassed all the lessons learnt from the modernist movement, all the desire to build and experiment which had been either repressed or bottled up during the war years. This building was the architect's house[1] until his death

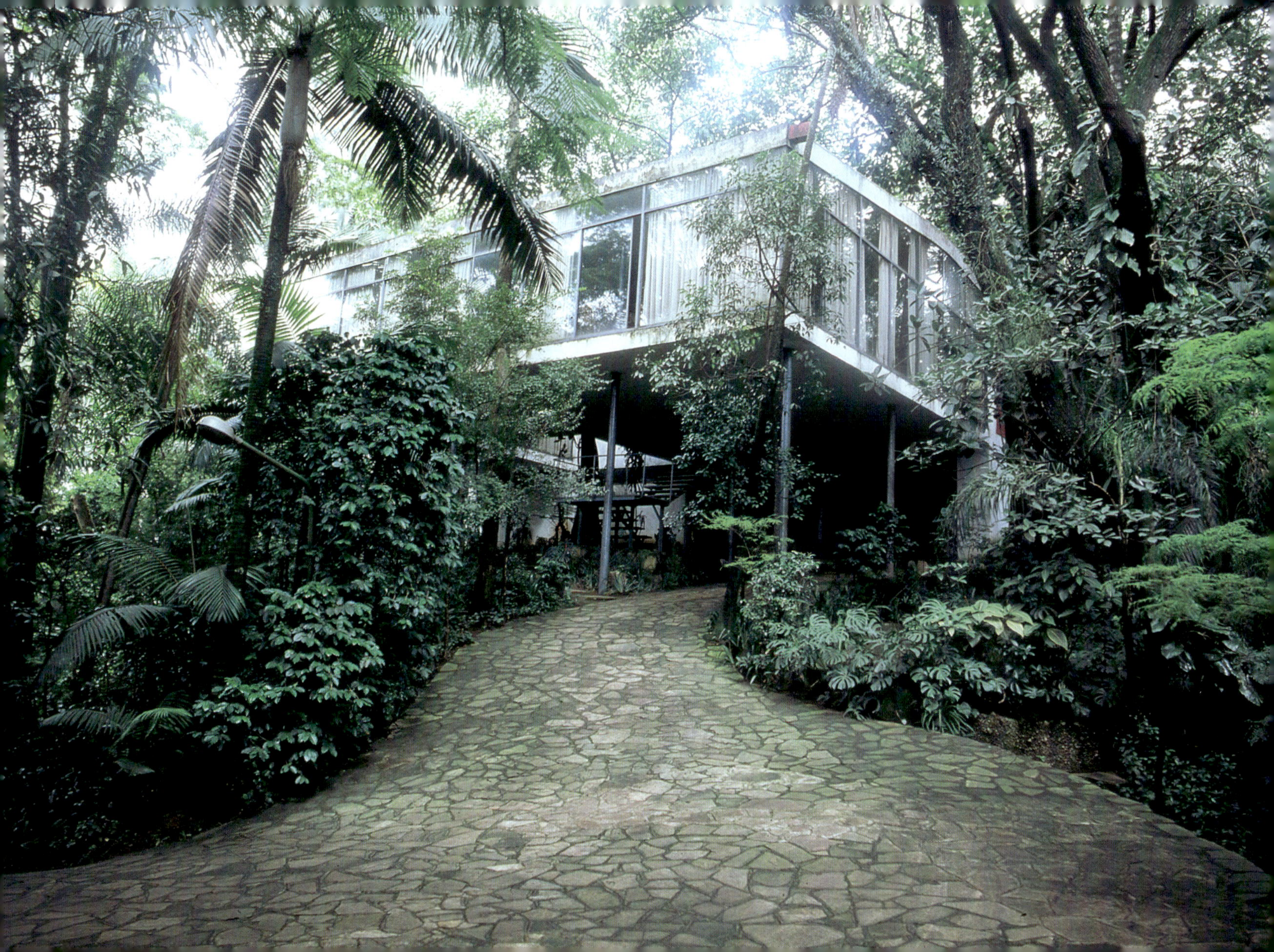

É um projeto sóbrio, racional, podemos até dizer "miesiano" (herdeiro do arquiteto da Bauhaus, Mies van der Rohe), mas já abrasileirado pela natureza que o acolhe, mais orgânico e mais feminino. Feminino pela delicadeza dos detalhes, pelo *vidrotil* azul-celeste do piso, pelas cortinas a substituir paredes, pela sutil curva da cobertura e pelo cuidado em aconchegar. É uma casa para receber pessoas. "Minha casa é uma *open house*", disse Lina inúmeras vezes.

Durante todos estes anos, a casa do casal Bardi foi ponto de parada obrigatória para todo artista ou intelectual de passagem por São Paulo. Saul Steinberg, Max Bill, Gio Ponti, Calder, John Cage, Aldo van Eyck, Roberto Rossellini, Glauber Rocha são alguns dos nomes de uma lista que iria a dezenas de páginas, sem falar dos ilustres frequentadores, moradores de São Paulo, que por lá passaram nos memoráveis almoços ou jantares preparados por Lina.

Na grande mesa redonda de mármore "Jaspe de Minas Gerais", também projetada por ela, eram servidos pratos maravilhosamente desenhados e gostosos. Cozinha brasileira era um de seus pontos fortes: inesquecíveis moquecas, carnes de sol, arroz de hauçá, lombinho com batatas coradas, laranja com coco ralado e as imprescindíveis batidas de pinga com limão. Tudo isso era preparado na maravilhosa cozinha, arrojada para a época da construção: equipada com tampos de aço inox, triturador, incinerador de lixo, lavadoras de louça, era inspirada na famosa Cozinha de Frankfurt, de Margarete Schütte-Lihotzky, de 1927.

in 1992 and continued to be Professor Pietro Bardi's home until he passed away in 1999, close to his 100th birthday. Elegant pilotis support the glass box on the hillside and the metal staircase, which sways as if leading onto a ship, proves access to the house's striking interior.

It was a sober, rational design, which could even be described as "Miesean" (after the Bauhaus architect, Mies van der Rohe), but somewhat 'Brazilianized' by the nature which immersed the house. It is also more organic and more feminine. Its femininity is found in the delicacy of details, in the sky-blue tiles, in curtains using as a substitute for walls, in the subtle curve of the roof and in the attention to comforting detail. It is a welcoming house, "an open house", as Lina herself described it on countless occasions.

During all these years, the Bardis' house was a compulsory stop for every artist or intellectual passing through São Paulo. The names of those who visited the house could fill dozens of pages: Steinberg, Max Bill, Gio Ponti, Calder, John Cage, Aldo van Eyck, Roberto Rosellini and Glauber Rocha to name but a few, not to mention the illustrious visitors residing in São Paulo, who were entertained by memorable lunches and dinners prepared by Lina herself.

At the large, round Minas Gerais jasper-like marble table, also designed by Lina, delicious dishes were beautifully produced and served. Brazilian cuisine was her specialty: unforgettable *moquecas*, beef-jerky, Hausa rice, pork loin with potatoes, oranges with coconut, as well as the indispensable *cachaça* and lime cocktails. All this was prepared

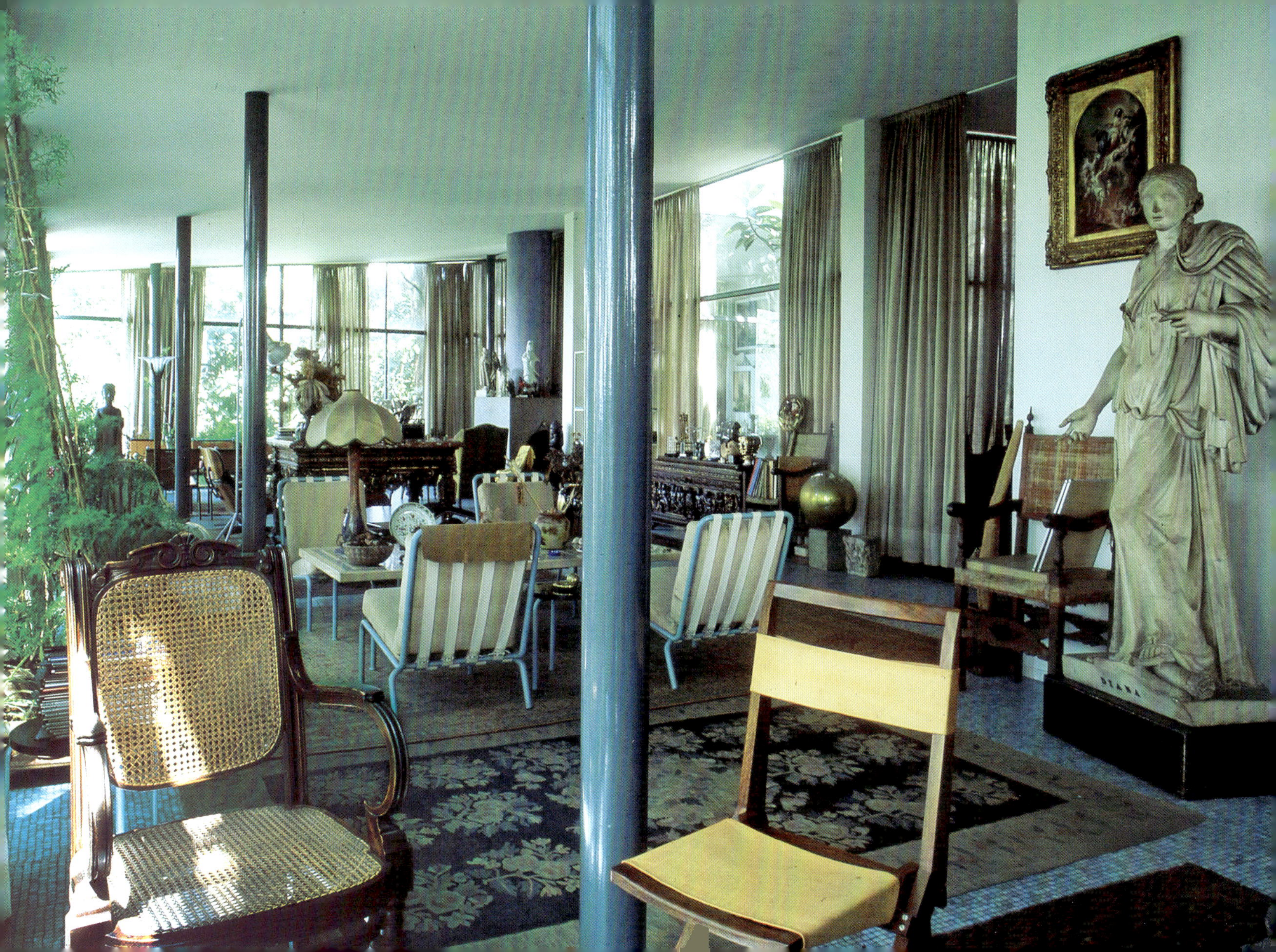

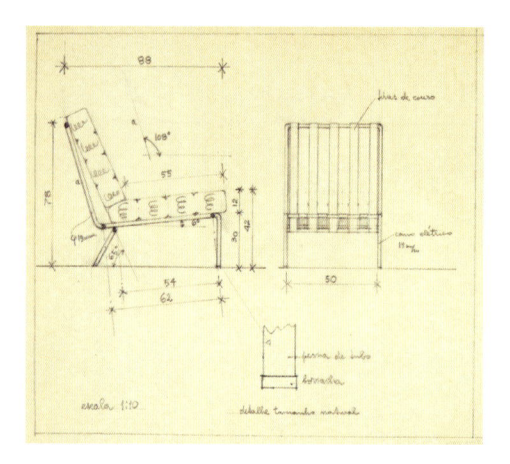

Na casa, em todos os cantos, em todo objeto, se respira cultura: nos quadros, nos móveis antigos e modernos em harmoniosa convivência, nos livros, nas revistas de arte e arquitetura vindas de toda parte, enfim, no ambiente construído pela história do casal em quase cinquenta anos. O espírito da dupla lá está, firme e forte.

Os anos de vida – bem vivida – desta casa estão testemunhados pelas obras de arte e pelos objetos espalhados por toda parte. As "mixarias", como gostava de frisar Lina, devem conviver com a "alta cultura". Uma garrafa de vidro vagabundo em forma de taça Jules Rimet convive com um anjo barroco; um banquinho caipira faz companhia à *chaise longue* de Le Corbusier; um carrinho de plástico, brinde de aniversário de criança, pousa aos pés de uma escultura de Ernesto de Fiori, e assim por diante.

Objetos recolhidos ao longo de mais de cinquenta anos povoam este comovente espaço de requintada arquitetura moderna que, numa relação de respeito e reverência, evidencia a beleza da Mata Atlântica e a necessidade de sua preservação. Inúmeros caminhos sinuosos, com muretas, rampas e escadinhas revestidas de pedras miúdas e cacos cerâmicos, serpenteiam os 7 mil metros quadrados da mata/jardim. Numa referência explícita à arquitetura de Gaudí, Lina projeta e constrói estes caminhos após visitar Barcelona, já no final dos anos 1950.

Esta casa moderna dos anos 1950 permanece moderna e contemporânea e, seguramente, assim seguirá século XXI adiante. Talvez toda arquitetura devesse ser assim: moderna e contemporânea

in a fantastic kitchen, bold for its time, with stainless steel tops, a waste disposal unit, incinerator and a washing machine. It had been inspired by the famous 1927 Frankfurt kitchen by Margarete Schütte-Lihotzky.

Every corner of the house and every object exhaled culture: the paintings, the antique and modern furniture co-existing harmoniously, books, and art and architecture magazines from all around the world. Indeed, culture was everywhere in this environment, created by the couple's almost 50 years of history, where both their spirits are still present, alive.

The years (well) lived in this house are evidenced in the works of art and objects scattered everywhere. "Trifle", as Lina liked to stress, should coexist with "high culture". A cheap glass bottle in the shape of the Jules Rimet Cup is found beside a Baroque angel, a rustic stool next to Le Corbusier's *chaise longue;* a small plastic toy car, a gift from a child's birthday party, rests at the feet of a sculpture by Ernesto de Fiori…

Objects collected over more than 50 years fill this soulful space of refined modern architecture. Its relationship with nature is one of respect and reverence, highlighting the beauty of the Atlantic Forest and the need to preserve it. Countless sinuous paths, low walls, ramps and steps are covered in small stones and broken bits of ceramics. They wind their way around 7,000 square meters of woods/garden. In an explicit reference to Gaudí's architecture, Lina designed and built these paths after visiting Barcelona in the 1950s.

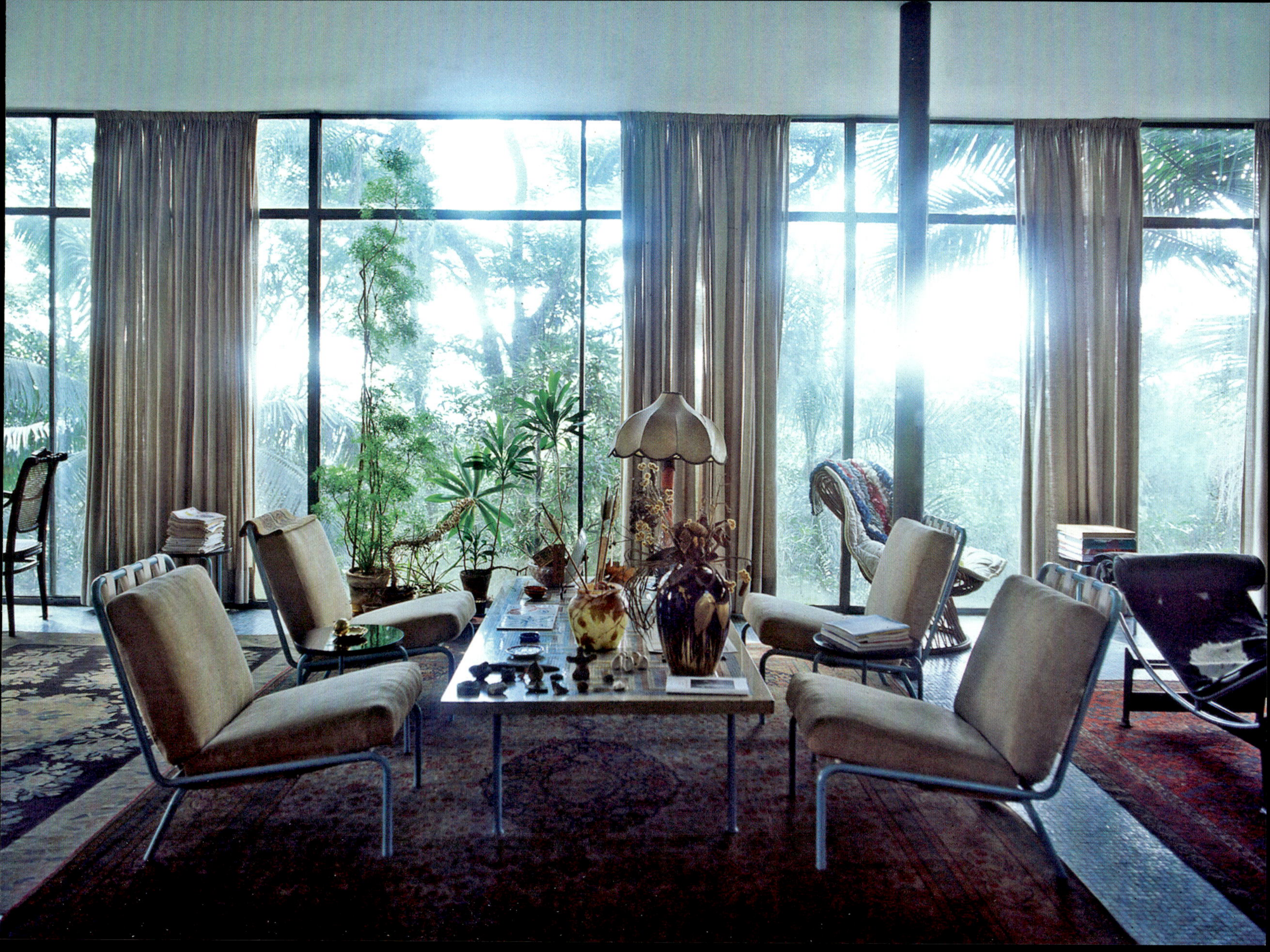

quando construída e também no futuro; útil e bela, plena de vida.

Ninguém sai incólume de uma visita a este verdadeiro "aquário de vidro" no meio da mata, lugar que guarda um tesouro: a lembrança da passagem do casal Bardi pelo mundo e, para nossa sorte, por São Paulo.

[1] Lina Bo Bardi preferia que usassem para ela o tratamento "o arquiteto" no masculino.

This 1950s modern house remains modern and contemporaneous and it will undoubtedly continue to be so throughout the 21th century. Maybe all modern architecture is supposed to be this way: modern and contemporaneous when it was built and in the future. Useful, beautiful and full of life.

When visiting this "glass aquarium" in the middle of the forest it is impossible to be unimpressed. It guards a treasure: the memory of the Bardis' passage through this world and, fortunately for us, through São Paulo.

[1] Lina Bo Bardi always demanded to be called "o arquiteto", the masculine form of architect in Portuguese.

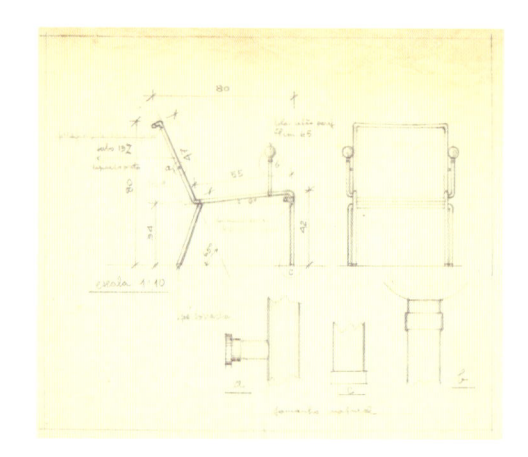

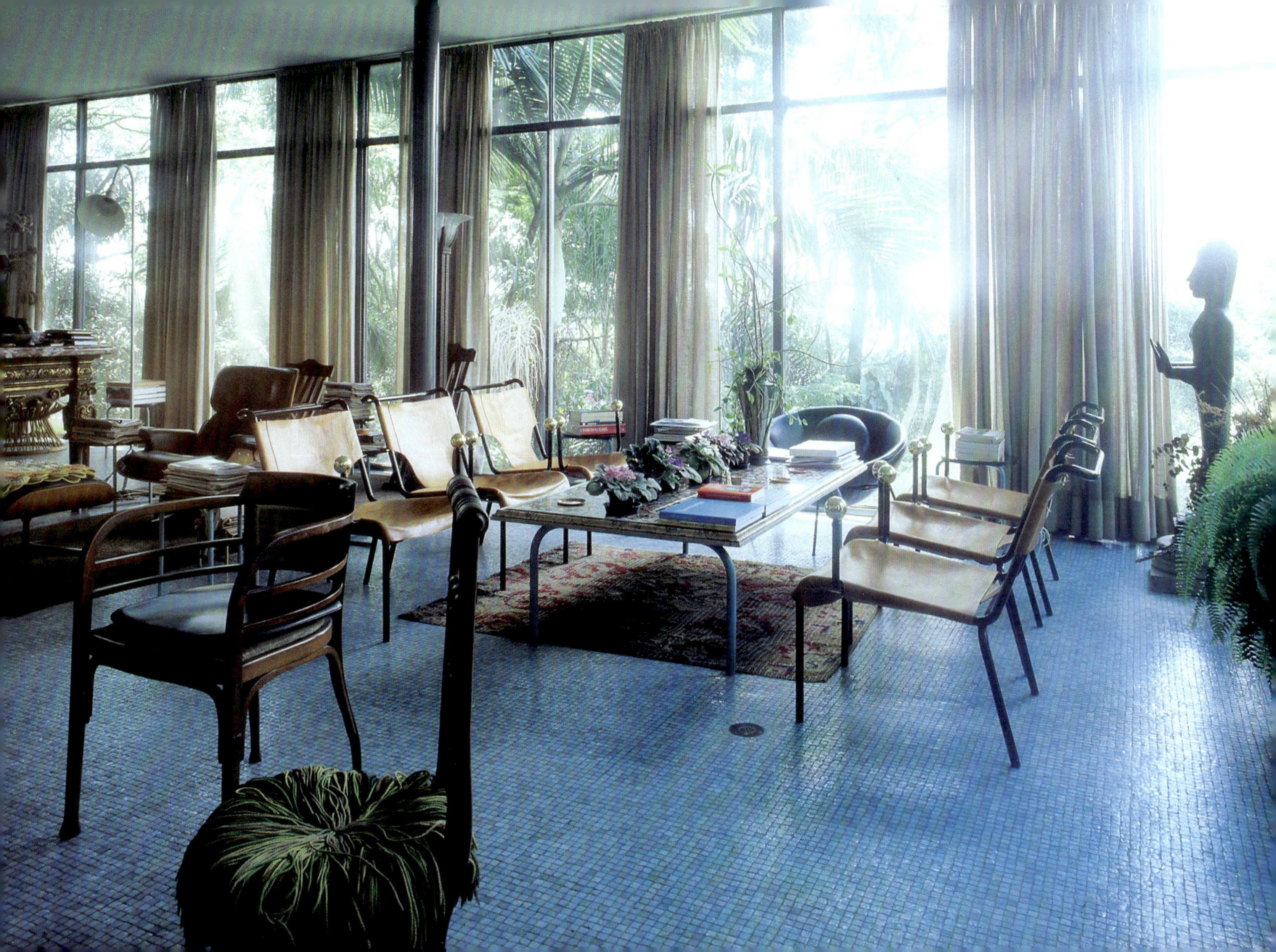

40

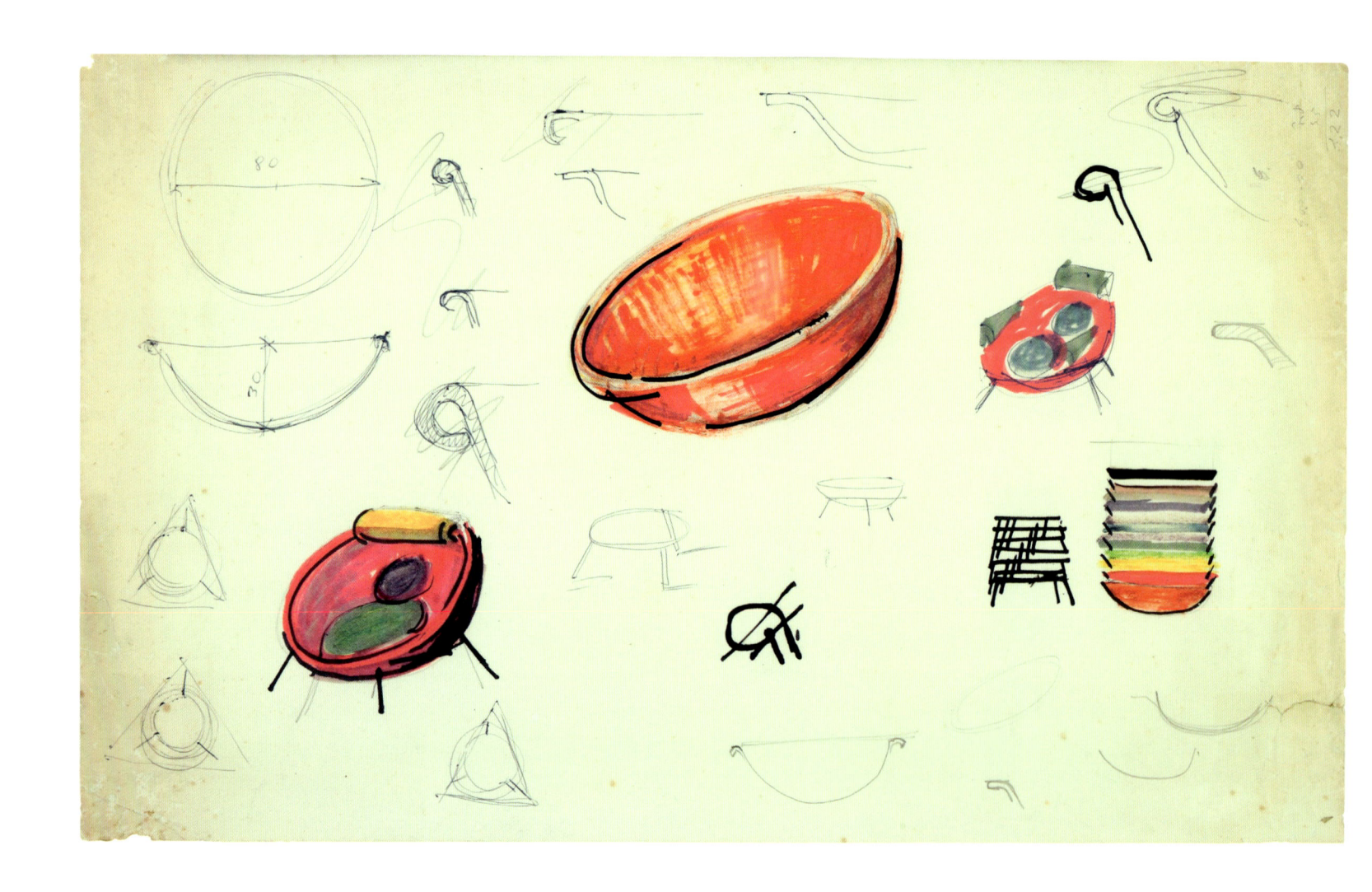

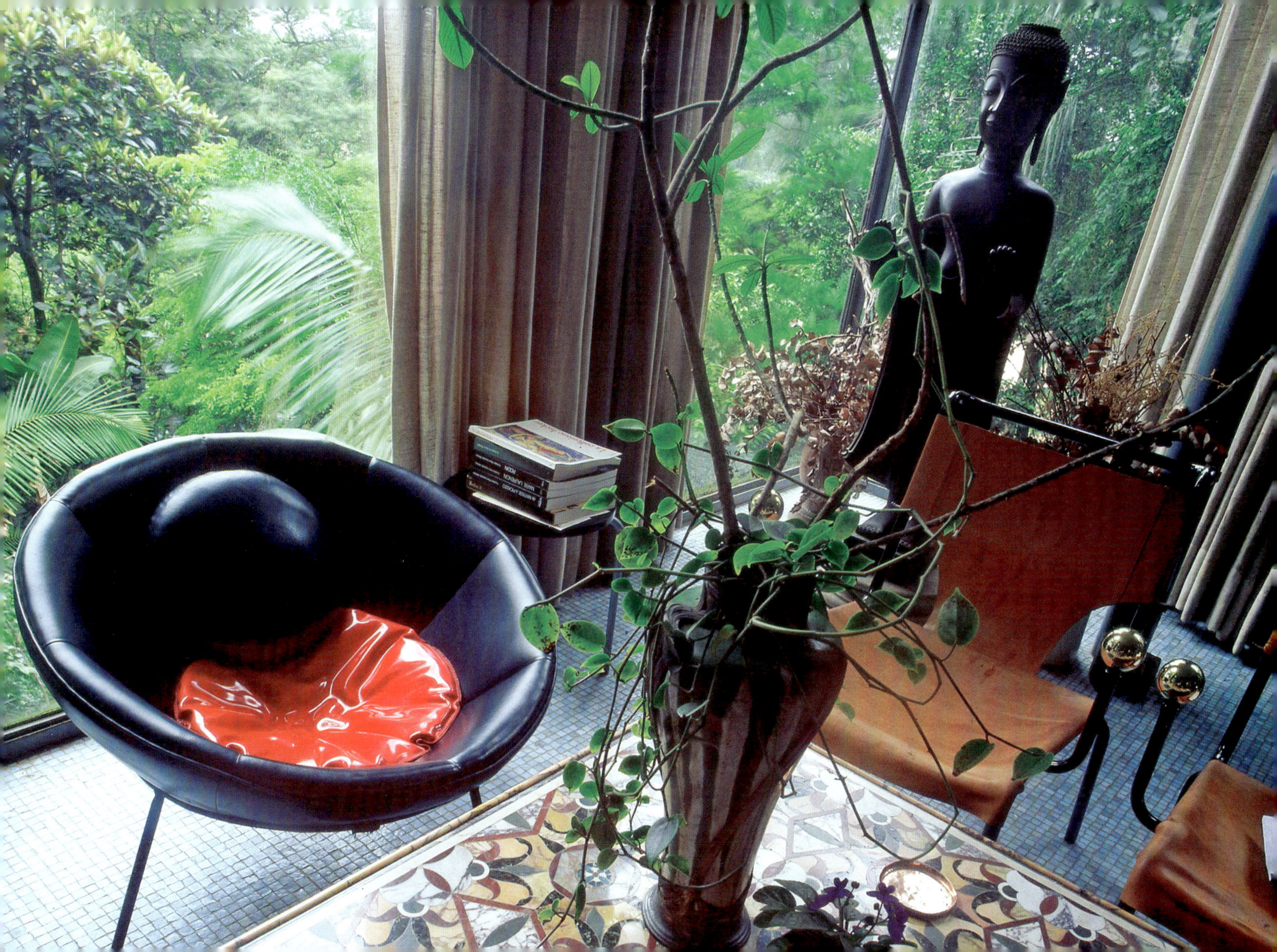

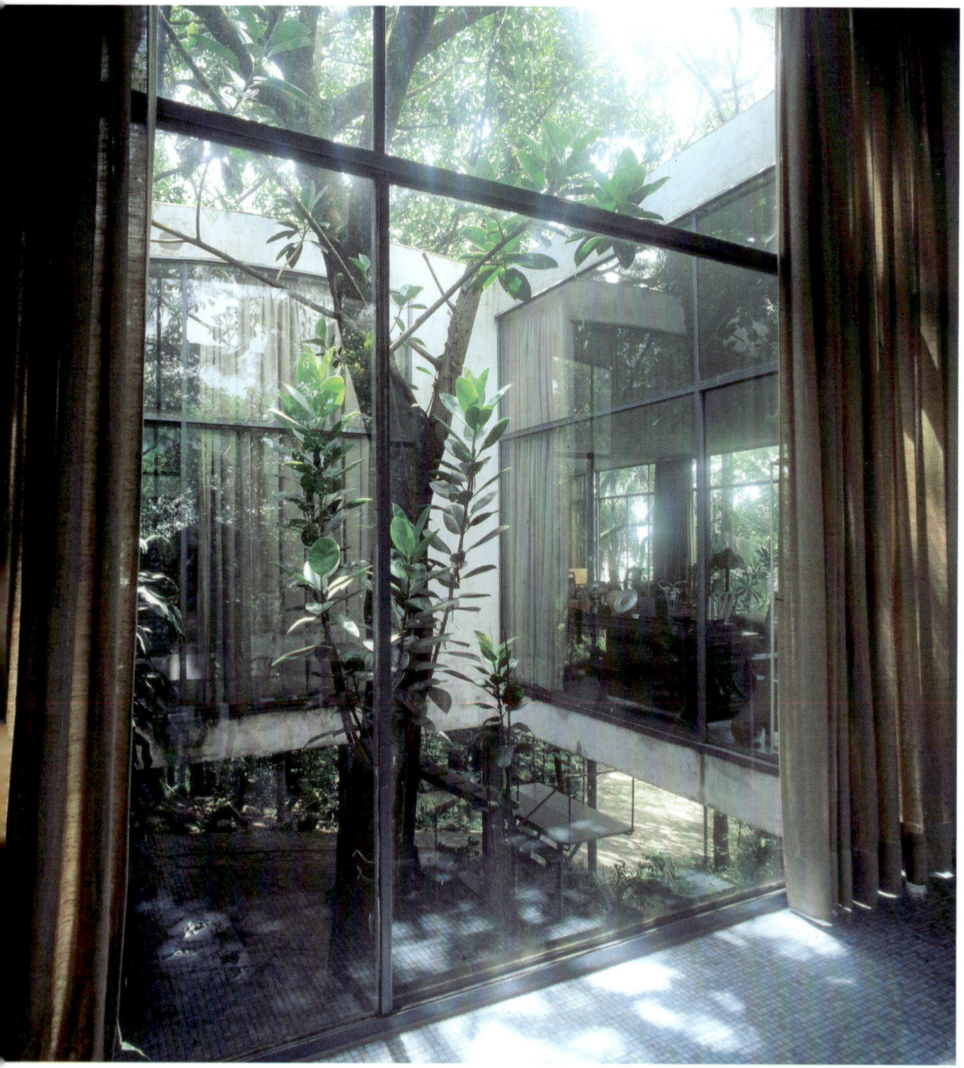

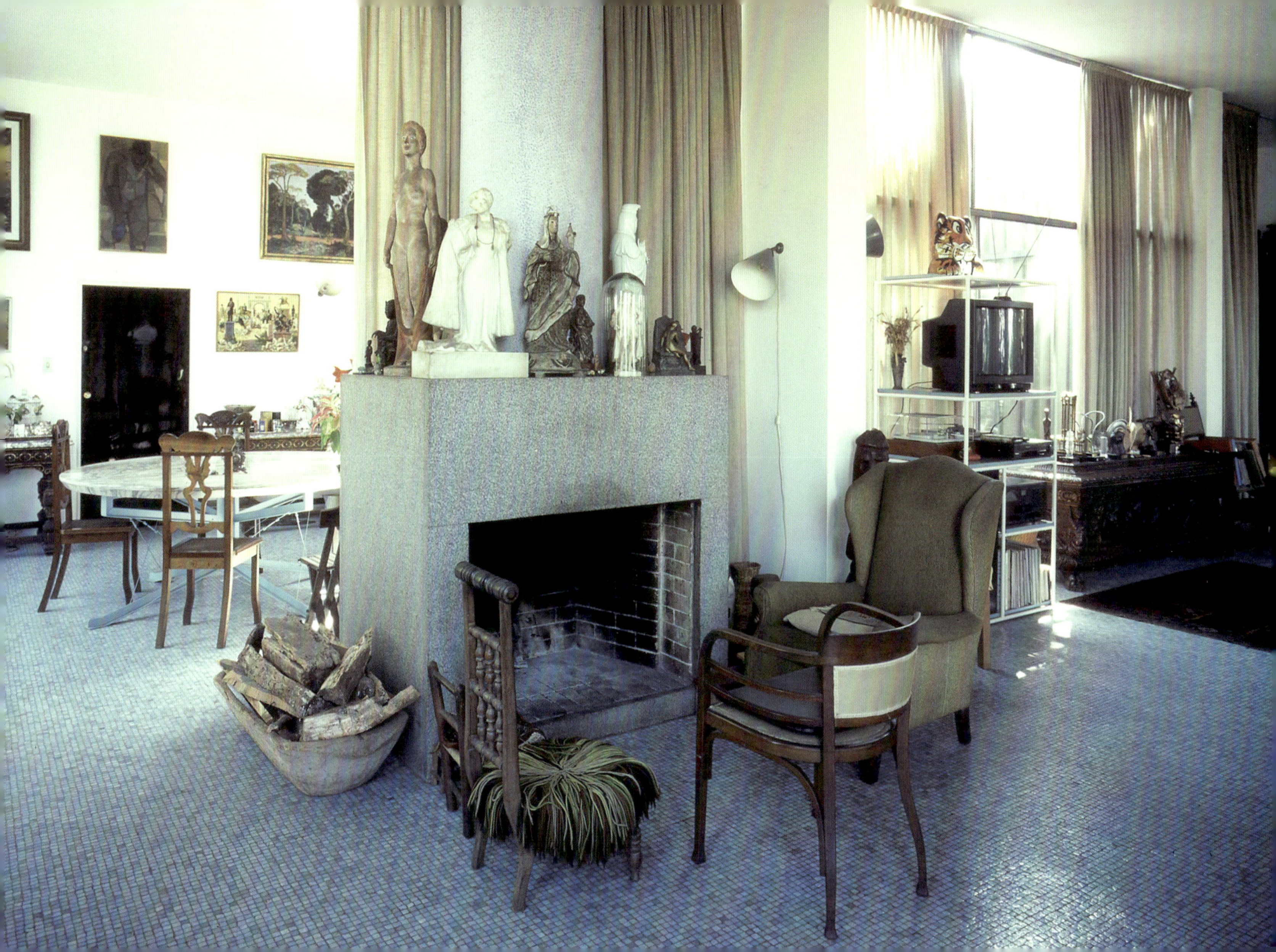

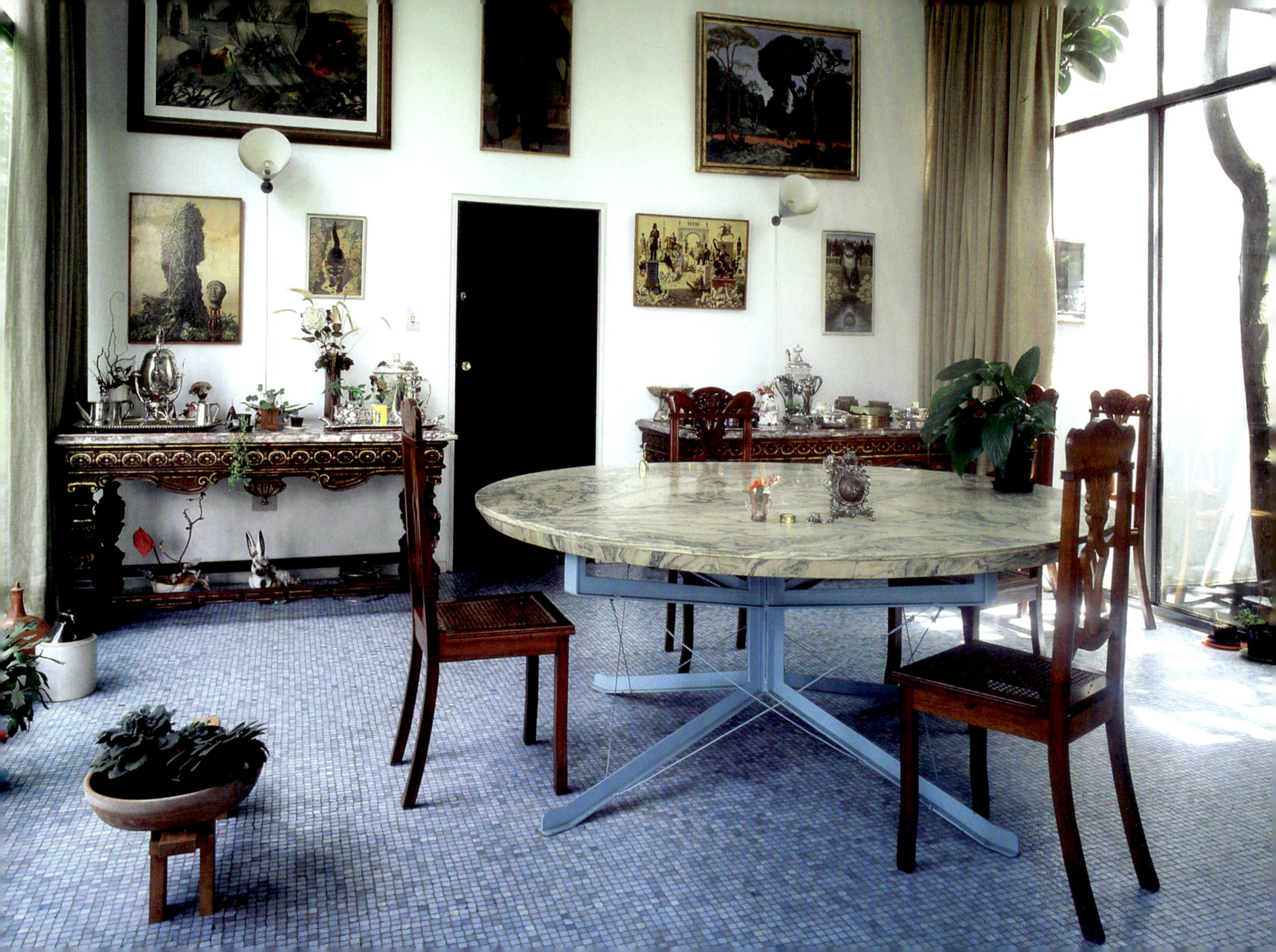

45

a casinha na mata

Na casinha construída em 1986 no meio da mata por Lina Bo Bardi e seus colaboradores, André Vainer e Marcelo Carvalho Ferraz, funcionou o ateliê da arquiteta até sua morte. Em seguida abrigou o Instituto Lina Bo e P. M. Bardi, que hoje ocupa também a Casa de Vidro – instituição criada pelo casal em 1990 para dar continuidade ao seu trabalho em prol da cultura brasileira. Com propósitos de difusão cultural, o Instituto é uma sociedade civil sem fins lucrativos que promove intercâmbios entre criadores e intelectuais brasileiros e estrangeiros, organiza exposições e edita livros, além de preservar e documentar o trabalho do casal.

Seus herdeiros: o povo brasileiro.

the little house in the woods

The outhouse built in the middle of the woods in 1986 by Lina Bo Bardi and her assistants, André Vainer and Marcelo Carvalho Ferraz, served as her atelier until her death. It was subsequently turned into the headquarters of the Lina Bo and P. M. Bardi Institute, which now also occupies the Glass House. This organization was created by the couple in 1990 in order to provide continuity to their work in advancing Brazilian culture. In keeping with its purposes of cultural dissemination, the Institute is a non-profit organization that promotes exchanges among creative and intellectual individuals from Brazil and abroad. It organizes exhibitions and edits books. It also preserves and documents the couple's work.

Their heirs: the Brazilian people.

estantes e
painéis p/
prender coisa

Telhas canal
estrutura
Eucalipto
paredes Masonit
portas de correr
tipo japonez
com dupla porta
de tela nylon
piso madeira

Corte

atenção!
água cai diretamente das
... no chão (drenagem seixos rolados) -- esc. 1:100

"CASINHA" no
Jardim da rua
ALMERIO D'EMOURA 200
MORUMBY

S.P. 10/6/'86

Projeto gráfico, edição e tratamento de imagem
Victor Nosek

Revisão
André Albert

Versão para o inglês
Peter Muds

Revisão do inglês
Julia Spatuzzi Felmanas, André Albert

Desenhos de miolo, capa e plantas
Acervo Instituto Lina Bo e P. M. Bardi
pp. 3, 4, 8, 10 a 12, 16, 17, 21, 30, 36, 38, 40, 47, verso da capa

Fotografias
Acervo Instituto Lina Bo e P. M. Bardi
pp. 5, 7, 9, 17 (dir.), 19, 20, 22, 23, 24 (dir.), 30 (esq.), 30 (dir.), 31, 32, 34 (abaixo), 37, 42, verso da quarta capa (sem autoria); 28, 29 (Jack Pires, não localizado); 14, 17 (esq.), 18, 24 (esq.), 25, 26, 27 (Peter Scheier, não localizado); 13, 15, 21 (Chico Albuquerque/Convênio Museu da Imagem e do Som–SP/Instituto Moreira Salles)

Arnaldo Pappalardo
pp. 33, 35, 38 (detalhe), 39, 41, 43, 44, 45 (dir.)

Marcelo Carvalho Ferraz
pp. 4, 6, 46, 47

Victor Nosek
pp. 34 (acima), 38 (dir.), 45 (esq.)

Foram realizados todos os esforços para obter a permissão dos detentores dos direitos autorais e/ou fotógrafos, e houve o cuidado de catalogar e conceder seus devidos créditos. Será uma satisfação corrigir quaisquer créditos nas tiragens futuras, caso recebamos mais informações.

Legendas
p. 4 Pietro Maria Bardi e Lina Bo Bardi, 1990.
p. 17 Mosaico de De Chirico executado por Enrico Galassi.

Esta publicação faz parte das comemorações do centenário de nascimento de Lina Bo Bardi (1914-2014).

Dados Internacionais de Catalogação na Publicação (CIP)

B236s
Bardi, Lina Bo

Casa de Vidro / Textos de Lina Bo Bardi e Marcelo Carvalho Ferraz; Organização de Marcelo Carvalho Ferraz. – São Paulo: Edições Sesc São Paulo, 2015. –
48 p. il.: fotografias e desenhos. Bilíngue, português/inglês. – (Coleção Lina Bo Bardi).

ISBN 978-85-7995-183-1

1. Arquitetura. 2. Brasil. 3. Casa de Vidro. 4. Bardi, Lina Bo. I. Título. II. Ferraz, Marcelo Carvalho. III. Vainer, André. IV. Coleção

CDD 721

Ficha elaborada por Maria Delcina Feitosa CRB/8-6187

© Edições Sesc São Paulo, 2015.
© Marcelo Carvalho Ferraz, 2015.
Todos os direitos reservados.

1ª Edição, 1999, Editorial Blau.
2ª edição revista, ampliada e com novo projeto gráfico, 2015.

3ª reimpressão, 2025.
2ª reimpressão, 2022.
1ª reimpressão, 2019.

Fonte Helvetica Neue
Papel Couché fosco 150 g/m²
Impressão Margraf
Data Maio de 2025

FSC MISTO
Papel | Apoiando o manejo florestal responsável
FSC® C015123

Edições Sesc São Paulo
Rua Serra da Bocaina, 570 – 11º andar
03174-000 – São Paulo SP Brasil
Tel.: 55 11 2607-9400
edicoes@sescsp.org.br
sescsp.org.br/edicoes
/edicoessescsp